O casaco de Marx

roupa, memória, dor

Peter Stallybrass

O casaco de Marx

roupa, memória, dor

ORGANIZAÇÃO E TRADUÇÃO
Tomaz Tadeu

5ª edição revista | 1ª reimpressão

autêntica

7
O casaco de Marx: quinze anos depois
Tomaz Tadeu

11
I. A vida social das coisas:
roupa, memória, dor

39
II. O casaco de Marx

81
III. O mistério do caminhar

97
Notas

105
Referências bibliográficas

O casaco de Marx:
quinze anos depois

O ano era 1998. Era perto do Natal. Eu pesquisava o tema do fetiche para um ensaio que estava escrevendo. E topei com um ensaio de Peter Stallybrass que me comoveu: "O casaco de Marx". Éramos todos ainda religiosamente marxistas. E uma narrativa sobre o casaco de Marx, o que ele vestia, não o que teorizou em O capital, era um refresco num campo teórico um tanto árido. Fui atrás de mais coisas escritas pelo Peter. O Google ainda engatinhava. Mas acabei encontrando um ensaio mais pessoal dele sobre a roupa, inspirado pela jaqueta que lhe tinha sido deixada por um amigo que tinha morrido de câncer não fazia muito tempo.

Mais ou menos por essa época também tive a sorte de encontrar, em Caxambu, num encontro acadêmico, Rejane Dias, que ainda estava estruturando sua editora, a Autêntica. Propus-lhe publicar o livrinho com os dois ensaios de Stallybrass, que acabou saindo em meados de 1999.

7

Imaginei que seria um fracasso de venda. Não foi. Também não foi um sucesso, coisa que sempre esteve reservada a outro tipo de publicação. Mas, para minha surpresa e dela, o modesto volume pegou. Desconfiamos que o rastilho foi aceso pelo pessoal da moda, que tomou gosto pelos deliciosos e comoventes textos do Peter sobre os mistérios dos tecidos que vestimos e, em particular, sobre o casaco de ninguém menos do que Karl Marx. O livrinho se tornara *cult*.

Alguns anos mais tarde, quando Rejane propôs uma segunda edição, entrei novamente em contato com Peter para ver se não tinha algum outro texto na mesma linha. E tinha. Desta vez, Peter falava dos mistérios do caminhar e dos calçados.

E o livrinho continuava sua carreira, modesta, mas firme. Passaram-se mais de quinze anos, mas os delicados textos de Stallybrass continuam inspirando e comovendo muita gente.

Foi para comemorar essa trajetória que fizemos a presente edição, ainda mais caprichada que a anterior. Mas a mudança não é apenas de aparência, embora não sejamos dos que a desprezam, muito pelo contrário. A tradução dos dois textos iniciais de Peter foi praticamente toda refeita. Essa retradução se beneficia de minha experiência tradutória nesses anos todos e, em particular, da experiência dos últimos anos com tradução literária (Virginia Woolf, Henry James, Herman Melville, F. Scott Fitzgerald).

Aí estão, pois, os ensaios de Peter, em traduções refeitas, para o deleite da releitura dos que os leram em sua outra encarnação e para o encanto de uma primeira leitura dos que ainda não tinham tido a oportunidade de encontrá-lo.

Tomaz Tadeu

I. A vida social das coisas: roupa, memória, dor

Escrevo sobre roupas desde 1990. No começo, nem me dava conta de que era isso o que estava fazendo. Não tinha a mínima ideia de que minha escrita estava centrada no tema da roupa. Nessa época, esse tema não passava, para mim, de um subproduto de meu interesse nas questões da sexualidade, do colonialismo e da história do Estado-nação. Então, aconteceu algo que mudou minha percepção do que eu estava fazendo. Estava dando uma palestra sobre o conceito de indivíduo quando fiquei literalmente paralisado. Não conseguia ler, criando-se, então, um silêncio constrangedor.

Mais tarde, ao tentar entender o que acontecera, dei-me conta de que, pela primeira vez desde sua morte, Allon White tinha voltado para mim. Allon e eu éramos amigos; tínhamos partilhado uma casa; tínhamos escrito um livro juntos. Após sua morte, de leucemia, em 1986, a viúva, Jen, e eu tínhamos, ambos, cada um à sua maneira, tentado invocar

Allon, mas sem grande resultado. Para outros havia lembranças ativas, prantos ativos. Para mim havia simplesmente um vazio, uma ausência, e como que uma raiva por causa de minha própria incapacidade de prantear. As memórias que tinha pareciam sentimentais e pouco reais, em clara desproporção com a estridente e amorosa eloquência que caracterizava Allon. A única coisa que parecia real para mim era a série de longas conversas que tivera com Jen sobre o que fazer com os pertences de Allon: o chapéu, que ainda estava no mesmo lugar na estante de seu escritório e que ele tinha comprado para esconder a calvície que tinha chegado muito tempo antes das humilhações físicas da quimioterapia; os óculos, que, na mesinha ao lado da cama, ainda nos fitavam. Para Jen a questão era saber como rearranjar a casa, o que fazer com os livros de Allon e com todos os modos pelos quais ele tinha ocupado o espaço. Talvez, pensava ela, a única forma de resolver esse problema fosse mudar-se, deixando a casa de uma vez por todas. Mas nesse meio tempo ela se desfez de alguns de seus livros e roupas.

Allon e eu tínhamos sempre trocado roupas, tendo por dois anos partilhado uma casa na qual tudo era considerado comum, exceto nossa sujeira; só esta, paradoxalmente, parecia irremediavelmente individual e objeto do asco do outro. Quando Allon morreu, Jen me deu sua jaqueta de beisebol americano, coisa que parecia bastante apropriada, uma vez que naquela altura eu tinha me mudado

12

em definitivo para os Estados Unidos. Mas ela também me deu a jaqueta de Allon que eu mais cobiçava. Ele a tinha comprado num brechó, perto da estação de trem de Brighton, e seu mistério era, e é, bastante fácil de descrever. Ela é feita de poliéster e algodão preto brilhoso e a parte de fora ainda está em bom estado. Mas, dentro, grande parte do forro foi cortado e o resto está em trapos, como se vários gatos raivosos a tivessem atacado com suas garras. Dentro, a única coisa que resta de sua antiga glória é o rótulo: "Fabricado especialmente para Turndof por Di Rossi. Costurado à mão". Muitas vezes me perguntei se foi a marca que atraiu Allon, já que ele adorava a moda italiana desde a infância, mas é muito mais provável que tenha sido apenas o corte da jaqueta.

De qualquer maneira, era esta jaqueta que eu estava vestindo na apresentação do trabalho sobre o indivíduo, um trabalho que, sob muitos aspectos, era uma tentativa de invocar Allon. Mas, em nenhum momento, enquanto o escrevia, tive a sensação de ter tido alguma resposta. Tal como o texto, Allon estava morto. E então, à medida que o lia em público, fui habitado por sua presença, fui invadido. Se eu vestia a jaqueta, Allon me vestia. Ele estava nos vincos do cotovelo – vincos que no jargão técnico da costura são chamados de "memória"; estava até nas manchas da barra da jaqueta; estava no cheiro das axilas. Acima de tudo, ele estava no cheiro.

Foi assim que comecei a pensar sobre roupas. Lia sobre roupas e falava aos amigos sobre roupas. Comecei a acreditar que a mágica da roupa está no fato de que ela nos recebe: recebe nossos cheiros, nosso suor, até mesmo nossa forma. E quando nossos pais, nossos amigos, nossos amantes morrem, as roupas ficam ali, em seus armários, retendo seus gestos, ao mesmo tempo confortantes e aterradores – os vivos sendo tocados pelos mortos. Mas, para mim, mais confortantes que aterradores, embora eu sentisse ambas as emoções. Pois sempre quis ser tocado pelos mortos; sempre quis que eles me assombrassem; tinha inclusive a esperança de que eles se levantassem e me habitassem. E eles literalmente nos habitam por intermédio dos "hábitos" que nos legam. Vesti a jaqueta de Allon. Por mais gasta que estivesse, ela sobreviveu àqueles que a vestiram e, espero, sobreviverá a mim. Ao pensarmos nas roupas como modas passageiras, repetimos menos que uma meia-verdade. Os corpos vão e vêm: as roupas que receberam esses corpos sobrevivem. Elas circulam pelos brechós, pelas feiras de rua e pelos bazares de caridade; ou são passadas de pai ou mãe para filho, de irmã para irmã, de irmão para irmão, de amante para amante, de amigo para amigo.

As roupas recebem a marca humana. As joias duram mais e também podem nos comover. Mas embora tenham uma história, elas resistem à história de nossos corpos. Duradouras, elas reprovam nossa mortalidade, imitando-a apenas no arranhão ocasional. Por outro lado, a comida, que, como as joias, é uma dádiva que nos liga uns aos outros, rapidamente se integra ao nosso corpo e desaparece.[1] Tal como a comida, a roupa pode ser moldada por nosso toque; tal como as joias, ela dura para além do momento imediato do consumo. Ela dura, mas é mortal. Como diz Lear, de forma desaprovadora, a respeito de sua própria mão: "ela cheira a mortalidade".[2] É um cheiro que adoro. É o cheiro pelo qual uma criança se apega ao objeto que lhe serve de segurança: um pedaço de pano, um ursinho de pelúcia, seja lá o que for. Roupa que pode ser colocada na boca, mastigada, qualquer coisa, menos lavada. Roupa que carrega as marcas do dente, do encardimento, da presença corporal da criança. Roupa que se estraga; o braço do ursinho cai, as pontas da roupa ficam puídas. Roupa que dura e conforta. Roupa que, como sabe qualquer criança, é pessoal. Certa vez, quando estava tomando conta de Anna, a filha de uma amiga, tentei substituir seu objeto de apego, que eu não conseguia achar, por um pedaço de pano que parecia ser igualzinho a ele. Ela, é óbvio, soube imediatamente que se tratava de uma imitação fraudulenta, e ainda me lembro de sua cara de desconfiança e desgosto diante de minha traição. O objeto de apego, por mais que sirva de substituto para ausências e perdas, retém irrevogavelmente sua individualidade material, mesmo depois de transformado pelo toque e pelos lábios e pelos dentes. Enquanto pensava sobre roupas, repensava meu próprio trabalho sobre o início da Inglaterra moderna. Pensar sobre roupa, sobre as roupas, significa pensar sobre a memória, mas também sobre o poder e a posse. Comecei a ver o quanto a Inglaterra da Renascença era uma sociedade da roupa. Com isso quero dizer não apenas que sua base industrial era a roupa e, em particular, a manufatura da lã, mas também que a roupa era a moeda corrente, muito mais que o ouro ou o dinheiro. Servir a uma casa aristocrática, ser um membro de uma guilda, significava vestir-se de libré. Significava ser pago, sobretudo, em roupas. E quando um membro de uma guilda tornava-se livre, dizia-se dele ou dela que tinha sido "enroupado",[3] quer dizer, que passava a ser dono de suas próprias roupas.

O que quero dizer quando falo de uma sociedade que tem na roupa sua base? Em sua forma mais extrema, trata-se de uma sociedade na qual tanto os valores quanto a troca assumem a forma de roupa. Quando os incas incorporavam novas áreas ao seu reino, concedia-se aos novos cidadãos "roupas para vestir, as quais eram altamente valorizadas entre eles". Mas esse presente não era, naturalmente, desinteressado. Esse "presente" têxtil era, como diz John Murra, "uma reiteração coercitiva e, contudo, simbólica, das obrigações dos camponeses para com o Estado, bem como de seu novo status". Em troca desse suposto presente, os camponeses eram obrigados, por lei, a "tecer roupas para o grupo governante e para as necessidades religiosas". Para surpresa dos invasores europeus, embora alguns armazéns do Estado guardassem comida, armas e ferramentas, havia "um grande número que estocava lã e algodão, roupas e vestimentas".[4] De forma similar, na corte do Imperador Akbar havia "um departamento especial para receber os mantos e os vestidos dados como tributos ou penhores pelos diferentes notáveis e regiões". Como argumentou Bernard Cohn, "o presente da roupa era o ato essencial do tributo e do domínio no sistema mongol de reinado, efetivando a incorporação dos sujeitados à esfera do governante".[5]

Numa sociedade baseada na roupa, portanto, a roupa é tanto uma moeda quanto um meio de incorporação. À medida que muda de mãos, ela submete as pessoas a redes de obrigações. O poder particular que a roupa tem de colocar em ação essas redes está estreitamente associado a dois aspectos quase contraditórios de sua materialidade: sua capacidade para ser permeada e transformada tanto por quem a faz quanto por quem a veste; e sua capacidade para durar ao longo do tempo. A roupa tende, pois, a estar fortemente associada à memória. Ou, para dizê-lo de forma mais incisiva, a roupa é um tipo de memória. Quando a pessoa está ausente ou morre, a roupa absorve sua ausente presença. A poetisa e artista têxtil Nina Payne fala sobre como lidou com as roupas do marido após sua morte:

> Tudo que tinha que ser conservado foi guardado num armário do andar de cima: jaquetas e calças que Eric ou Adam poderiam ainda usar, pulôveres, gravatas, três camisas feitas de uma pelúcia axadrezada (cinza-azulado, vermelho-tijolo e ocre-amarelado). Vi que a camisa cinza tinha sido usada uma única vez, após ter sido passada e, depois, recolocada no cabide para ser vestida de novo. Se enfiasse a cabeça no meio das roupas, eu podia cheirá-lo.[6]

"Eu podia cheirá-lo." Morto, ele ainda está ali no armário, sob a forma do corpo gravado na roupa, num punho puído, num cheiro.

O que é mais surpreendente para mim, em intuições como a de Nina Payne, é que em sociedades como a nossa, isto é, em economias modernas, elas sejam tão raras. Acho que isso ocorre porque, apesar de toda nossa crítica ao "materialismo" da vida moderna, a atenção ao material é precisamente o que está ausente. Rodeados como estamos por uma extraordinária abundância de materiais, seu valor deve ser incessantemente desvalorizado e substituído. Marx, apesar de todas as suas brilhantes intuições sobre o funcionamento do capitalismo, estava equivocado ao se apropriar do conceito de fetichismo da antropologia do século XIX e aplicá-lo às mercadorias. Ele estava certo, naturalmente, ao insistir que a mercadoria é uma forma "mágica" (isto é, mistificada), na qual os processos de trabalho que lhe dão seu valor foram apagados. Mas, em troca, ao aplicar o termo "fetiche" à mercadoria, ele apagou a verdadeira mágica pela qual outras tribos que não a nossa (e quem sabe, talvez até mesmo a nossa) habitam e são habitadas por aquilo que elas tocam e amam. Para dizer de outra forma, amar as coisas é, para nós, como que um constrangimento: as coisas são, afinal, meras coisas. E acumular coisas não significa dar-lhes vida. É porque as coisas *não* são fetichizadas que elas continuam inanimadas.[7]

Numa economia fundamentada na roupa, entretanto, as coisas adquirem vida própria. Quer dizer, as pessoas são pagas não na moeda neutra do dinheiro, mas num material que facilmente adquire significado simbólico e no qual as memórias e as relações sociais são literalmente corporificadas. Numa economia capitalista, numa economia de roupas novas, a vida dos têxteis adquire uma existência fantasmagórica, ganhando importância ou inclusive vindo à consciência apenas em momentos de crise. Mas esses momentos de crise ocorrem, repetidamente, como elementos vestigiais da vida material. Vladimir Nabokov, por exemplo, em seu último romance, *Somos todos arlequins*, descreve como Vadim, depois da morte da esposa, Íris, sente a necessidade de eliminar aqueles objetos dela com os quais ele não conseguia lidar:

Uma curiosa forma de autopreservação nos leva a nos livrar, instantânea e irrevogavelmente, de tudo aquilo que pertenceu à amada que perdemos. Do contrário, as coisas que ela tocou todo dia e manteve, pelo ato de manipulá-las, no contexto que lhes cabia, começam a se inflar de uma horrível e insana vida própria. Seus vestidos vestem agora seus próprios eus, seus livros folheiam sozinhos as páginas. Sufocamo-nos no círculo opressivo desses monstros que estão deslocados e deformados porque ela não está ali para cuidar deles. Mesmo o mais corajoso dentre nós não consegue sustentar o olhar do espelho dela. *Como* livrar-se dessas coisas é todo um outro problema. Não podia afogá-las como se fosse gatinhos; na verdade, eu não poderia nem afogar um gatinho, que dirá a escova ou a bolsa dela. Eu tampouco podia ficar observando um estranho coletá-las, levá-las embora e depois voltar para pegar mais coisas. Assim, simplesmente abandonei o apartamento, dizendo à empregada que se descartasse como pudesse de todos aqueles indesejáveis objetos. Indesejáveis! No momento da partida eles pareciam bastante normais e inofensivos; diria inclusive que pareciam ter sido tomados de surpresa.[8]

Nabokov capta nessa passagem o terror do vestígio material. Para Vadim, a vida desses objetos é inflada, monstruosa, como se eles próprios tivessem usurpado o lugar de sua portadora. Os vestidos "agora vestem seus próprios eus". Mas no momento mesmo em que Vadim extermina os monstros, eles adquirem uma nova vida: não são apenas "normais e inofensivos", mas são "tomados de surpresa" – tomados de surpresa, talvez, por sua incapacidade de pegá-los de volta.

Em momentos de crise como esses, essas matérias triviais, a matéria da matéria, parecem desenhar-se como desproporcionalmente grandes. O que temos a ver com as roupas dos mortos? A questão é tratada por Philip Roth em sua autobiografia, *Patrimônio*. Aí ele descreve como, depois que a mãe morreu, o pai "desapareceu no quarto e começou a esvaziar as gavetas da escrivaninha dela e a separar as roupas do armário. Eu ainda estava à porta da casa, com meu irmão, recebendo as pessoas que tinham vindo para o velório e que tinham nos acompanhado na volta do cemitério". Roth, perturbado pela recusa do pai em exercer as funções sociais de costume, vai atrás dele no quarto:

> A cama já estava cheia de vestidos, casacos, saias e blusas tiradas do armário e meu pai estava agora ocupadíssimo, catando coisas dum canto da última gaveta da escrivaninha de minha mãe e pondo numa sacola de lixo. "Pra que servem essas coisas agora? Não adianta deixá-las penduradas aí. Essas coisas podem ir para instituições de caridade; ainda estão como novas."

Tal como Vadim, o pai de Roth quer apagar o vestígio, porque o vestígio parece vazio, um lembrete de tudo aquilo que foi perdido. As roupas são apenas e simplesmente elas próprias, com um valor material específico. Para Roth há algo quase heroico nessa rejeição: o pai, ele escreve, "era agora um velho, vivendo sozinho, e as relíquias simbólicas não podiam, de maneira alguma, substituir a companhia real de cinquenta e cinco anos." Parecia-me que não era por medo das coisas dela e do seu poder fantasmagórico que ele queria, sem mais demora, deixar o apartamento livre delas, também a *elas* dar agora um enterro, mas porque ele se recusava a evitar o mais brutal de todos os fatos".[9]

De forma similar, Laurence Lerner, num poema chamado "Resíduo", descreve o pai, quando a mãe dele morreu, às voltas com suas roupas:

> Minha mãe ao morrer deixou um guarda-roupa
> cheio,
> Um mundo meio gasto, meio novo:
> Roupas de baixo fora de moda; uma fileira de
> sapatos,
> Solas viradas para cima, olhando para a gente;
> teias de anéis,
> Impacientes opalas, pulseiras baratas, pérolas;
> E, floridos ou alegres, de raiom, algodão, tule,
> Uns cem vestidos, à espera.

> Deixado com aquele passado de trapos,
> Meu pobre e quebrado pai vendeu o lote todo.
> O que mais podia fazer?
> O dono de brechó deu de ombros, dizendo
> "É pegar ou largar, é com você".
> Ele pegou
> E perdeu os trocos no hipódromo.
> O guarda-roupa vazio ficou olhando para ele por
> anos a fio.[10]

Num certo e importante sentido, as roupas são a dor que o pai sente. Os vestidos ficam ali pendurados, "à espera". Eles permanecem, mas apenas como um resíduo que recria "ausência, solidão, morte; coisas que não são".[11] Contudo, mesmo quando elas se foram, transformadas em dinheiro instantaneamente descartável, o guarda-roupa recria a presença fantasmagórica dos vestidos que não estão mais ali. Existe realmente uma estreita conexão entre a mágica das roupas perdidas e o fato de que os fantasmas muitas vezes saem dos armários e dos guarda-roupas para nos estarrecer, nos assombrar, talvez até mesmo para nos consolar. Mas não há nada de natural nessa separação radical, nesse descarte das roupas, nessa relegação das roupas ao meramente simbólico. E gostaria de me centrar agora nas diferentes formas pela quais as roupas participam das rupturas de nossas vidas, moldando-as. Deixem-me retornar agora às três camisas que Nina Payne conservou depois da morte do marido, separando-as para um possível uso no futuro. As camisas enxadrezadas, escreve ela, "reapareceram dois anos mais tarde":

> Jessy e Emily começaram a vesti-las por cima de suas blusas de gola, botando as pontas para dentro das calças, dobrando o punho das mangas, do jeito que uma mulher veste uma roupa de homem, ampliando, de forma lúdica, a forma de sua diferença. Minhas filhas, utilizando uma ampla variedade de roupas, faziam

combinações originais nas quais as camisas do pai viravam um emblema e um signo. Eric estava, naquele ano, trabalhando à noite, num restaurante, após ter se formado no secundário. Seu horário possibilitava-lhe evitar todo mundo na família a maior parte do tempo, mas nós, geralmente, jantávamos juntos nas noites de domingo.

Certa vez, quando estávamos sentados em volta da mesa, ele disse às garotas que era ridículo vestir camisas que eram grandes demais para elas. Disse que ele próprio planejava vestir as camisas e não queria que elas ficassem todas já gastas antes de servirem nele. Suas irmãs reagiram de forma indignada. A discussão esquentou. Eu percebia raiva, acusações e uma exasperação que beirava o desespero. Sob circunstâncias normais, eu teria sido chamada para dar uma opinião, mas ninguém teve coragem para pedi-la. O telefone soou. Adam se levantou para lavar seu prato e nós todos nos dispersamos, em busca de alívio.

As camisas continuaram a ser vestidas. Quando foi morar sozinho, Eric levou a camisa cinza com ele. Na próxima vez em que a vi, percebi a fatal mancha rosada certamente adquirida por ter sido colocada junto com alguma roupa vermelha na máquina de lavar. Por um momento, senti como se tudo tivesse perdido sua cor original, se desbotado, se desintegrado. Mas Eric sorriu diante de meu surpreso olhar. "A mesma coisa aconteceu com minhas cuecas, quando eu estava na sexta série, lembra?", disse ele, abrindo a porta do porão para trazer mais madeira.[12]

O título da autobiografia de Philip Roth é, como nos lembramos, *Patrimônio* – um título que adquire uma forte e peculiar ressonância na escrita de Payne. Na história de Roth, as roupas da mãe são descartadas, mas o legado do pai permanece, para ser herdado (e deslocado) pelo filho. Mas Nina Payne conserva as roupas, que se tornam objeto de dor e luta entre filhos e filhas, ou melhor, entre o filho mais velho, Eric, que quer, ele próprio, vestir o patrimônio do pai, e as filhas, Jessy e Emily. O filho mais novo, Adam, é a desconfortável testemunha (ele "se levantou para limpar seu prato"). Mas Eric parece fracassar em sua tentativa para assumir a dor e a força da perda e da persistência: "as camisas continuaram a ser vestidas". E quando sai de casa, levando apenas uma delas com ele, a característica de ter sido vestida, pela qual a presença é transmitida, será transformada na característica de ter sido vestida do já gasto. Eric, que não queria as camisas "todas já gastas antes de servirem nele", colore a camisa cinza que ele leva com "a fatal mancha rosada". "Por um momento, senti como se tudo tivesse perdido sua cor original, se desbotado, se desintegrado", descreve Nina Payne. A reação de Eric consiste em reiterar a persistência da perda: a camisa do pai é transformada da mesma maneira que suas próprias cuecas tinham sido anteriormente transformadas. A camisa persiste, ligando pai e filho e, contudo, mudando, à medida que ela é remoldada por seu novo portador.

A própria generificação da roupa e das atitudes para com ela torna-se materialmente marcada pelas relações sociais pelas quais, fora do mercado capitalista (no qual o tecelão e o alfaiate do sexo masculino iam se tornando a norma), as mulheres eram tanto material quanto ideologicamente, associadas com a confecção, o conserto e a limpeza das roupas. É difícil apreender plenamente a densidade e a complexa transformação dessa relação entre as mulheres das diferentes classes e a roupa. Mas durante a maior parte do período inicial da Europa moderna e das Américas, a vida social das mulheres esteve profundamente ligada à vida social da roupa. Na Florença do século XV, por exemplo, as garotas eram recrutadas como empregadas por um período de cinco a dez anos, e seus contratos estipulavam que elas deveriam ganhar roupas e alimentação e, ao término do contrato, um dote matrimonial. Em geral, o dote era pago não em moeda, mas em roupas, incluindo as de cama.[13]

Sem dúvida, os homens também era pagos em librés, mas quase nunca estavam tão consistentemente envolvidos desde a primeira infância na confecção de roupas. Nos Estados Unidos, ainda se esperava, em pleno século XIX, que uma moça, em geral, tivesse confeccionado doze colchas para seu enxoval antes de ser considerada apta a casar, e a décima terceira era chamada de "colcha nupcial". Mas se a costura era, para as mulheres, um trabalho compulsório, era também, como argumentou Elaine

Showalter, um meio de produzir contramemórias.[14] Uma operária fabril da Nova Inglaterra, ela mesma profissionalmente envolvida na produção de roupas, registrou a própria vida na colcha que fez. Eis o que ela escreveu no *The Lowell Offering*, em 1845:

> Quantas passagens de minha vida parecem estar sintetizadas nesta colcha de retalhos. Aqui estão restos daquela brilhante almofada cor de cobre que enfeitava a poltrona de minha mãe [...] Aqui está um pedaço do primeiro vestido que conheci na vida, cortado no padrão chamado de "mangas de perna de carneiro". Era da minha irmã [...] E aqui está um pedaço do primeiro vestido que tive com cintura de corpete; aqui está um pedaço da primeira roupa que meu irmão mais novo vestiu quando parou de usar vestidinhos longos. Aqui está um retalho do primeiro vestido que comprei com meus próprios esforços! Que sentimento de alegria, de autonomia, de autoconfiança resultou desse esforço![15]

A colcha carrega assim as marcas de estruturas sociais conflitantes: os materiais da vida familiar; os materiais da autonomia e do trabalho assalariado.

E a própria colcha adquire uma vida social própria e complexa. "Annete" (provavelmente Harriet Farley ou Rebecca Thompson), a mulher que a confeccionou, após se tornar uma operária fabril, dá a colcha como presente de casamento à irmã, fazendo-a retornar, assim, da esfera da autonomia, da autoconfiança, para a esfera do casamento. É sob essa colcha que a irmã morre, tendo derramado sobre ela, por causa da tosse, os remédios que tomara, de forma que quando volta para Annete, a colcha está cheia de "manchas escuras".[16] A colcha é feita de retalhos de tecido que carregam os vestígios de sua história e, ao ser usada, ela passa a carregar os vestígios de outras pessoas, da irmã, da morte.

Elaine Hedges observa o quanto era generalizado nos Estados Unidos do século XIX o costume de se transferir roupas entre membros da família, conservando, assim, reunidos, membros de famílias dispersas. Em 1850, Hannah Shaw escreve à irmã, Margareth: "estive procurando algo para enviar-lhe, mas não pude achar nada que pudesse enviar numa carta, a não ser uma sobra de pano de meu vestido novo". Outros restos de roupa são enviados de mãe para filha, de irmã para irmã: "aí vai um retalho do riscado que Lydia fez para mim"; "um retalho do meu vestido listrado"; "um retalho de minha boina enfeitada com uma fita de xadrez verde"; e "algumas sobras de meus vestidos novos, para fazer uma colcha de retalhos". Hannah escreve a Margareth, dizendo que, após a avó ter morrido, a filha Rebecca "irá agora juntar os retalhos dos vestidos da avó para fazer uma colcha".[17] Uma rede feita de roupas pode seguir as conexões do amor ao longo das fronteiras da ausência, da morte, pois a roupa carrega, além do valor material em si, o corpo ausente, a memória, a genealogia.

Mas é impressionante como, à medida que perde o valor econômico, a roupa tende a perder também seu valor simbólico. Parece existir, por exemplo, uma relação entre a capacidade de vender ou penhorar roupas usadas e a cuidadosa transferência de roupas por meio de testamentos. Os relatos sobre as operações de penhores na Itália e na Inglaterra mostram claramente que, na Renascença, as roupas eram, de longe, o objeto mais comumente penhorado, seguido pelas ferramentas. Já nos anos 1950, no filme *Quanto mais quente melhor*, os músicos desempregados representados por Tony Curtis e Jack Lemmon começam por penhorar o sobretudo, embora estivessem no meio de um rigoroso inverno em Chicago. Ainda vale a pena penhorar sobretudos; eles ainda podem ser trocados pelo dinheiro que torna possível a sobrevivência. Quando o dinheiro assim obtido acaba, Curtis tenta persuadir Lemmon a penhorar o contrabaixo e o saxofone, mas Lemmon protesta, dizendo que esses instrumentos são o meio de vida deles. Primeiro as roupas, depois as ferramentas.

Na verdade, um penhorista só aceitará penhores para os quais haja mercado. Só se pode penhorar roupas se elas valem alguma coisa. Na Inglaterra da Renascença, uma única libré para a anã da corte, Hipólita, a Tártara, custava mais que o mais alto salário de uma cortesã.[18] E quando comprava peças de escritores como Shakespeare, Philip Henslowe pagava, em geral, cerca de seis libras por uma peça, mas chegou a pagar mais de vinte libras por um único "casaco de veludo preto, com mangas bordadas em prata e ouro".[19] Um único gibão, comprado para o Conde de Leicester, custou mais que a mansão que Shakespeare comprara em Stratford.[20] O valor altíssimo dos têxteis, que durou até o início da manufatura de algodão barato, explica o zelo extraordinário com o qual eles eram listados nos testamentos do início do período moderno. Sob certo aspecto, e particularmente entre a aristocracia, deixar roupas em testamento constituía uma afirmação do poder de quem dava e da dependência de quem recebia. Esta é a terrível conclusão a ser extraída do testamento do Conde de Dorset, ao legar à esposa as roupas que já lhe pertenciam: "Dou e lego à minha amada esposa toda a vestimenta e anéis e joias que usou no casamento e o anel de rubi que dei a ela". As roupas do conde, por sua vez, foram divididas entre os servos.[21]

O testamento da esposa de Dorset, Anne Clifford, por outro lado, é bem mais detalhado e comovente, na associação que faz entre roupa e memória: ela deixa para as netas "o resto das duas ricas armaduras que pertenceram ao meu nobre pai, para que fique, para elas e sua posteridade (se elas assim o quiserem), como uma lembrança dele". E deixa para a "amada filha", "meu bracelete de continhas perfumadas, esculpido em ouro e esmalte, com cinquenta e sete contas; este bracelete tem mais de cem anos e foi dado por Felipe II, rei da Espanha, para Mary, rainha da Inglaterra, e por ela à minha avó Anne, condessa de Bedford:

e também duas pequenas peças que pertenciam a meu pai e minha mãe, esculpidas numa placa de ouro e esmaltadas em azul, e todos aqueles sete ou oito velhos baús e tudo que está dentro deles, sendo que a maior parte das velhas coisas eram da minha amada e abençoada mãe, cujos baús comumente ficam no meu próprio quarto ou no quarto próximo".[22] A transmissão de bens é, nesse caso, uma transmissão de riqueza, de genealogia, de conexões monárquicas, mas também da memória e do amor da mãe pela filha.

E não eram apenas os aristocratas que legavam suas roupas e outras posses com tanto cuidado. Um legado típico de um mestre para seu aprendiz era a doação de roupas. Assim, Augustine Philips, ator e membro dos Cavalheiros do Rei, deixou dinheiro e objetos em herança, em 1605, não apenas para outros membros, como Henry Condell e William Shakespeare, mas também para o ator mirim que tinha sido treinado por ele:

> Dou a Samuel Gilborne, meu último aprendiz, a soma de 40 xelins, e minha meia de veludo cinza, e um gibão de tafetá branco, e um terno de tafetá preto, meu casaco roxo, a espada, a adaga e minha viola.[23]

As roupas são conservadas; elas permanecem. O que muda são os corpos que as habitam.

Que conclusões podemos extrair desses testamentos que deixam roupas como legados? Em primeiro lugar, as roupas têm vida própria; elas são presenças materiais e, ao mesmo tempo, servem de código para outras presenças materiais e imateriais. Na transferência de roupas, as identidades são transferidas de mãe para filha, do aristocrata para o ator, de mestre para aprendiz. Muitas vezes, essas transferências são representadas, no teatro da Renascença, em cenas em que um servo ou uma serva veste-se como seu mestre, um amante veste as roupas emprestadas de outro amante, uma caveira habita as roupas que sobreviveram a ela. Na peça *Noite de Reis*, de Shakespeare, o irmão é transformado, pela roupa, em irmã, e a irmã em irmão, identificando-se como Cesário/Sebastian. Chegamos mais perto, aqui, do significado mais restrito de "travestismo", tal como é hoje utilizado para denotar cruzamento de gênero. Mas o que quero enfatizar é o quanto o teatro – e, mais geralmente, a cultura do Renascimento – estava focalizado nas roupas em si.

É apenas num paradigma cartesiano e pós-cartesiano que a vida da matéria é relegada à lata de lixo do "pouco importante" – o mau fetiche que o adulto deixará para trás como uma coisa infantil para buscar a vida da mente. Como se a consciência e a memória dissessem respeito a mentes e não a coisas. Ou como se o real pudesse residir apenas na pureza das ideias e não na impureza que permeia o material. É sobre essa impureza permeada que Pablo Neruda escreve de maneira tão comovedora em *Paixões e impressões*:

É muito conveniente, em certas horas do dia
ou da noite, observar profundamente os objetos
em descanso: as rodas que percorreram longas,
poeirentas distâncias, carregando grandes car-
gas vegetais ou animais; os sacos das carvoa-
rias; os barris; os cestos; os cabos e os punhos
das ferramentas do carpinteiro. As superfícies
usadas, o desgaste que as mãos infligiram às
coisas, a atmosfera às vezes trágica e sempre
patética desses objetos infundem uma espécie
de atração não desprezível pela realidade do
mundo. Percebe-se neles a confusa impureza
dos seres humanos: a mistura, o uso e o desuso
dos materiais, os vestígios do pé e dos dedos,
a constância de uma atmosfera humana inun-
dando as coisas de fora e de dentro. Assim seja
a poesia que buscamos. [24]

Uma poesia da superfície vestida e permeada:
uma poesia da roupa.

Em *Paisagem para uma boa mulher*, um relato sobre
sua infância de classe operária, Carolyn Steedman
escreve sobre essas superfícies permeadas de dor e
raiva e também de amor. Dor e raiva, porque na
rasura do material está corporificada a rasura da
vida da mãe e da sua própria vida dos significados da história. As coisas, escreve ela, "continuam
um problema": "Foi com a imagem de um casaco
'New Look', o estilo criado por Christian Dior no
final dos anos 40, que fiz minha primeira tentativa,
em 1950, de compreender e simbolizar o conteúdo do desejo de minha mãe". Mas o casaco 'New
Look' era precisamente o que a mãe de Carolyn

Steedman não podia se permitir. Seu rosto estava pressionado contra a vitrine de uma loja, através do qual ela via, mas não podia pegar, o que desejava:

> Minha mãe sabia o lugar em que nos situávamos em relação a esse mundo de privilégio e posse. Ela tinha me mostrado o lugar bem antes, no despojado quarto de frente no qual o inspetor de saúde dirigiu-se a ela de forma arrogante. Muitas mulheres tinham passado por essa situação, debruçadas à janela, olhando para fora, os filhos presenciando sua exclusão: "Eu lembro como se fosse ontem", escreveu Samuel Bamford, em 1849, após "uma das visitas de minha mãe à habitação daquela 'senhora elegante'" (a irmã da mãe que tinha subido na vida): ela tirou a boina molhada, os sapatos encharcados, trocou as roupas gotejantes e ficou de pé, o cotovelo apoiado no peitoril da janela, a mão no rosto, os olhos fitando o vazio e as lágrimas escorrendo-lhe pelos dedos.

> O que aprendíamos agora, no início dos anos 60, pelas revistas e histórias que ela trazia para casa, era de que maneira os bens daquele mundo podiam ser apropriados: com o corte e o caimento de uma saia, um bom casaco de inverno, com sapatos de couro, com um certo tom de voz; mas, acima de tudo, com roupas, a melhor fronteira entre nós mesmos e um mundo frio.

Como diz Carolyn Steedman, sua mãe queria coisas:

> A política e a teoria cultural podem qualificar como trivial o conteúdo dos desejos dela, e o

mundo certamente nem sequer tomaria nota deles. É um dos propósitos deste livro fazer com que seu desejo pelas coisas da terra tenha realidade política e validade psicológica.[25]

As roupas, pois, como memória, mas também como os pontos de apoio de que nos servimos para fugir de um presente insuportável – o presente da infância, por exemplo, quando somos definidos pelo presente de nossos pais. Jennifer White me contou a história de um par de sapatos que os pais compraram para ela ir à escola: práticos, bons, mas que, como diz a expressão popular, ela não usaria nem morta. É difícil dar a importância devida à tortura desses momentos: a raiva, a dor, o desespero. Uma identidade demasiadamente visível está ali, nos nossos pés, nos ridicularizando, nos humilhando. Pois fomos feitos, constituídos, por um outro, vestidos com a libré da dependência abjeta. E é o êxtase da libertação dessa libré que Annete capta tão admiravelmente ao falar das lembranças do "primeiro vestido que comprei com meus próprios esforços". "Um sentimento de alegria", diz ela.

Muitos de nós percebemos esse sentimento mais fortemente pela via de sua negação. Quando Sasha Jansen vai à Paris, em *Bom dia, meia-noite*, de Jean Rhys, ela pensa: "meu vestido me consome. E então este maldito casaco de pele jogado em cima de tudo mais – a suprema estupidez, a suprema incongruência". E, mais tarde, trabalhando numa loja parisiense de roupas elegantes, ela fantasia que vai comprar o vestido que vai endireitar tudo: "É um vestido preto, com mangas largas, bordadas em cores vivas: verde, vermelho, azul e púrpura. É o meu vestido. Se eu o estivesse vestindo, nunca teria gaguejado nem teria parecido estúpida. Começo a desejá-lo loucamente, furiosamente. Se conseguisse obtê-lo, tudo seria diferente".[26] Sasha nunca consegue tê-lo.

★★★

Allon White morreu em casa, vestindo um de seus pijamas, exatamente na postura na qual morre Lucas, o protagonista do romance que escrevera muitos anos antes. "Lucas estava deitado sobre o seu lado esquerdo, os joelhos estreitamente cerrados, as mãos enfiadas por entre as coxas, um cobertor puxado até os ombros." Um cobertor: como diz Carolyn Steedman, "a melhor fronteira entre nós e o mundo frio". Mas é difícil, para nós, viver com os mortos, não sabendo o que fazer com as roupas, nas quais ainda se demoram, habitando seus armários e suas cômodas; não sabendo como vesti-los.

Florence Reeve, uma mórmon, morreu em 10 de fevereiro de 1887. Alice Isso escreve: "fui ajudar a prepará-la. No dia 11, arrumamos suas roupas. Trabalhamos o dia todo e depois a pusemos no gelo. No dia 12, de noite, nós a vestimos e a pusemos de volta no gelo".[27] O que faremos?

Como vestiremos os mortos? Simplesmente não os vestiremos? Ou os vestiremos em suas roupas mais descartáveis? Em suas roupas domingueiras?

Quando o pai de Philip Roth morreu, o irmão, procurando num armário, encontrou "uma caixa rasa, contendo dois talits, o manto judaico da prece, cuidadosamente dobrados. Desses ele não se desfez":

> Quando, em casa, o agente funerário nos pediu para escolhermos um terno para ele, eu disse para meu irmão: "Um terno? Ele não está indo para o escritório. Não, nada de terno, não faz sentido". Ele deveria ser enterrado num sudário, eu disse, pensando que era como seus pais tinham sido enterrados e como os judeus tinham sido tradicionalmente enterrados. Mas assim que disse isso, fiquei achando que um sudário tampouco fazia muito sentido – ele não era um judeu ortodoxo e os filhos simplesmente não eram religiosos – e, além disso, que era pretensiosamente literário ou histericamente hipócrita. Mas como ninguém objetou e como não tive a coragem de dizer "enterrem-no nu", usamos o sudário de nossos ancestrais para cobrir-lhe o corpo. Então, uma noite, cerca de seis semanas depois, por volta das quatro horas da madrugada, ele apareceu num sudário branco, em forma de capuz, para me censurar: "eu deveria ter sido vestido num terno. Você fez a coisa errada". Despertei gritando. Tudo o que dava para ver através do sudário era a infelicidade em seu rosto morto. E suas únicas palavras eram uma reprovação:

eu o tinha vestido para a eternidade com a roupa errada.[28]

Com a roupa errada. Uma característica necessária da transmissão, se é que ela chega mesmo a acontecer, é que ela pode se perder: a carta não chega, a pessoa errada herda, o legado é uma carga indesejada. As transmissões se perdem. Contudo, mesmo na mais caótica das transmissões, alguma coisa sempre acaba chegando ao seu destino. Nos últimos dois anos, minha mãe e meu pai têm, cada vez mais, pensado e falado sobre as peças de móveis que eles valorizam, sobre o que acontecerá a elas quando morrerem e sobre quem vai querê-las. Quem vai ficar com a escrivaninha da mãe de minha mãe? Quem vai cuidar dela? Quem vai ficar com o retrato de meu pai mexendo no toca-discos com o irmão? No começo, eu achava que eram questões cansativas. Para um bom pós-cartesiano, tudo parecia muito grosseiramente material. Mas, é claro, eu estava errado e eles, certos. Pois a questão é: quem lembrará minha avó? Quem lhe dará um lugar? Que espaço, e de quem, meu pai habitará? Eu sei isso porque não posso relembrar Allon White como uma ideia, mas apenas como os hábitos através dos quais eu o habito, através dos quais ele me habita e me veste. Eu conheço Allon pela via do cheiro de sua jaqueta.

II. O casaco de Marx

1. Fetichizando mercadorias, fetichizando coisas

Marx define o capitalismo como o processo de *universalização* da produção de mercadorias. Ele escreve no prefácio da primeira edição de O *capital* que a forma mercadoria do produto do trabalho ou a forma valor da mercadoria é a forma celular da economia (MARX, 1976, p. 90).[1] A forma celular da economia que ocupa o primeiro capítulo de O *capital* assume a forma de um *casaco*. O casaco surge não como o objeto que é fabricado e vestido, mas como a mercadoria que é trocada. E o que define o casaco como uma mercadoria para Marx é que não podemos vesti-lo e ele não pode nos manter aquecidos. Entretanto, ainda que a mercadoria seja uma abstração fria, ela se alimenta, tal como um vampiro, de trabalho humano. Os sentimentos contraditórios de Marx em *O capital* constituem uma tentativa de captar o caráter contraditório do próprio capitalismo, a sociedade mais abstrata que já existiu; uma sociedade que consome, o tempo todo, corpos humanos concretos. A abstração dessa sociedade é representada pela própria forma mercadoria. Pois a mercadoria torna-se mercadoria não como coisa, mas como valor de troca. Ela atinge sua forma mais pura, na verdade, quando é mais esvaziada de peculiaridade e de coisidade. Como *mercadoria*, o casaco é medido por sua *equivalência*: como vinte metros de linho, dez quilos de chá, quarenta quilos de café, uma saca de trigo, vinte gramas de ouro, meia tonelada de ferro (MARX, 1976, p. 157).

Fetichizar a mercadoria significa fetichizar um valor de troca abstrato – isto é, adorá-la no altar do *Financial Times* ou do *The Wall Street Jornal*, que determinam a quantidade de copos de papel com que se pode comprar um livro acadêmico, a quantidade de livros acadêmicos com que se pode comprar um liquidificador, a quantidade de liquidificadores com que se pode comprar um carro. Em *O capital*, o casaco de Marx aparece apenas para logo desaparecer de novo, porque a natureza do capitalismo consiste em produzir um casaco não como uma particularidade material, mas como um valor suprassensível (MARX, 1976, p. 165). A tarefa d'*O capital* de Marx consiste em seguir as pistas desse valor, ao longo de todos os seus desvios, até o trabalho humano que, devidamente expropriado, produz capital (v. SCARRY, 1985). Isso leva Marx, teoricamente, à teoria do valor-trabalho e à análise da mais-valia. Leva-o, politicamente, às fábricas, às condições de trabalho, à moradia, à comida e à roupa daqueles que produzem uma riqueza que lhes é expropriada.

O casaco – a mercadoria com a qual Marx começa *O capital* – tem apenas a mais tênue das relações com o casaco que o próprio Marx vestia a caminho do Museu Britânico em busca de material para escrever *O capital*. O casaco que Marx vestia entrava e saía da casa de penhores. Tinha usos bem específicos: conservar Marx aquecido no inverno; identificá-lo como um cidadão decente que pudesse ser admitido no salão de leitura do Museu Britânico. Mas o casaco, *qualquer* casaco, visto como valor de troca, é esvaziado de toda função útil. Sua existência física é, como diz Marx, fantasmagórica:

> Se abstraímos o valor de uso da mercadoria, abstraímos também os componentes e formas corpóreas que fazem dela valor de uso... Todas as suas qualidades sensoriais se extinguem (MARX, 1976, p. 128).

Embora a mercadoria assuma a forma de uma coisa física, "a forma mercadoria não tem absolutamente nenhuma conexão com a natureza física da mercadoria e com as relações materiais que daí surgem" (MARX, 1976, p. 165). Fetichizar as mercadorias significa, em uma das ironias menos compreendidas de Marx, reverter toda a história do fetichismo.[2] Pois significa fetichizar o invisível, o imaterial, o suprassensível. O fetichismo da mercadoria estabelece a imaterialidade como a característica definidora da capitalismo.

Assim, para Marx, o *fetichismo* não é o problema; o problema é o fetichismo das *mercadorias*. Por que, então, o conceito de "fetichismo" continua a ser usado de forma primariamente negativa, invocando-se, com frequência, de forma explícita, o uso que Marx fez do termo? Essa conotação negativa deve-se ao ato de exploração que, antes de mais nada, criou o termo. Como brilhantemente argumentou William Pietz, o fetiche tem sua origem nas relações comerciais dos portugueses na África ocidental nos séculos XVI e XVII (PIETZ, 1985, 1987). Pietz argumenta que o "fetiche" como conceito foi criado para demonizar o apego supostamente arbitrário dos africanos ocidentais aos objetos materiais. O sujeito europeu foi constituído, via *denegação* do objeto, em oposição a um fetichismo demonizado.

É profundamente paradoxal que críticas ideológicas da modernidade europeia, de resto amplamente antagônicas, partilhem o pressuposto de que essa modernidade é caracterizada por um materialismo absoluto. A força dessa denúncia depende do pressuposto de um lugar que teria existido antes da queda no materialismo, uma sociedade onde as pessoas eram espiritualmente puras e incontaminadas pelos objetos à sua volta.[3] Mas opor o materialismo da vida moderna a um passado não-materialista não é apenas errado; isso, na verdade, *inverte* a relação do capitalismo com modos alternativos e anteriores de produção. Como afirma Marcel Mauss em *O dom*, seu importante livro sobre a troca pré-capitalista, os objetos, nessas trocas, podem ser "seres personificados que falam e participam do contrato. Eles afirmam seu desejo de serem doados". As coisas-como-presente não são "coisas indiferentes"; elas têm "um nome, uma personalidade, um passado" (MAUSS, 1967, p. 55).[4] A oposição radicalmente desmaterializada entre o "indivíduo" e suas "posses" (entre sujeito e objeto) é uma das oposições ideológicas centrais das sociedades capitalistas. Como observa Igor Kopytoff, "essa polaridade conceitual entre pessoas individualizadas e coisas mercantilizadas é recente e, culturalmente falando, excepcional" (KOPYTOFF, 1986, p. 64).

Um dos aspectos dessa polaridade desmaterializante é o desenvolvimento do conceito de "fetiche". O *fetisso* assinala, como mostra Pietz, não tanto a antiga desconfiança relativamente a fabricações falsas (em oposição às hóstias e imagens fabricadas mas "verdadeiras" da Igreja Católica), quanto uma desconfiança não apenas frente à própria corporificação material, mas também frente à "sujeição do corpo humano à influência de certos objetos materiais significantes que, embora separados do corpo, funcionam, em alguns momentos, como seus órgãos controladores" (Pietz, 1985, p. 10).

O *fetisso* representa, assim, "uma subversão do ideal do eu autonomamente determinado" (Pietz, 1987, p. 23). Além disso, o fetiche (em contraste com o ídolo que se sustenta por si próprio) foi, desde o começo, associado com *objetos levados no corpo* – bolsinhas de couro, por exemplo, contendo passagens do *Corão*, penduradas em volta do pescoço (Pietz, 1987, p. 37). O conceito de "fetiche" foi desenvolvido para, literalmente, demonizar o poder de objetos "alienígenas" que eram carregados no corpo (por via da associação do feitiço com a arte da feitiçaria europeia). E ele emergiu no momento em que o sujeito europeu subjugava e escravizava outros sujeitos e, simultaneamente, proclamava sua própria independência relativamente aos objetos materiais.

Essa denegação do objeto tem sido frequentemente interpretada como mero estratagema. Nessa visão, os empreendedores europeus proclamavam seu desapego relativamente aos objetos enquanto, ao mesmo tempo, de forma "fetichista", os colecionavam. Mas essa constante repetição do "fetichismo" como categoria depreciativa reitera o problema em vez de eliminá-lo. Pois os empresários europeus, ao menos após os primeiros estágios comerciais, não fetichizavam objetos; pelo contrário, eles estavam interessados em objetos apenas na medida em que estes pudessem ser transformados em mercadorias e trocados para obtenção de lucro no mercado.

Como termo de insulto econômico, o conceito de fetiche definia aqueles com os quais os europeus comerciavam, na África e nas Américas, como povos que adoravam "bugigangas" ("meros" fetiches) e, ao mesmo tempo, coisas "valiosas" (isto é, ouro e prata). Isso significava que eles podiam ser enganados (isto é, aquilo que os europeus consideravam sem valor – contas, por exemplo – poderia ser trocado por objetos valiosos). Mas também implicava uma nova definição do que significava ser europeu: ou seja, um sujeito livre da fixação em objetos, um sujeito que, tendo reconhecido o verdadeiro valor (isto é, de mercado) do objeto-como-mercadoria, se fixava, em vez disso, nos valores transcendentais que transformavam o ouro em navio, os navios em armas, as armas em tabaco, o tabaco em açúcar, o açúcar em ouro, e tudo isso num lucro que podia ser contabilizado. O que era demonizado no conceito de fetiche era a possibilidade de que a história, a memória e o desejo pudessem ser materializados em objetos que são tocados e amados e carregados no corpo.

Um subproduto dessa demonização era o impossível projeto do sujeito transcendental, um sujeito constituído por nenhum lugar, por nenhum objeto – por nada levado no corpo. "A palavra fetiche", escreveu John Atkins em 1937, "é usada com um duplo significado entre os negros: ela se aplica, por um lado, às vestes e aos ornamentos e, por outro, a algo que se reverencia como uma divindade" (PIETZ, 1988, p. 110). O sujeito europeu, por outro lado, "sabia o valor das coisas" – isto é, ele repudiava qualquer investimento que não fosse um investimento financeiro em objetos.

As roupas podiam ser "moda" (bens removíveis e descartáveis), mas se tornavam cada vez menos capazes de servirem de modeladoras, de servirem de materializações da memória, de serem usadas como objetos que atuavam sobre o corpo de quem as vestia, transformando-o. Ao atribuir a noção de fetiche à mercadoria, Marx ridicularizou uma sociedade que pensava que tinha ultrapassado a "mera" adoração de objetos, supostamente característica das religiões primitivas.

Para Marx, o fetichismo da mercadoria era uma regressão relativamente ao materialismo (embora distorcido) que fetichizava o objeto. O problema para Marx era, pois, não o fetichismo como tal, mas, em vez disso, uma *forma* específica de fetichismo, que tomava como seu objeto não o objeto animado do amor e do trabalho humano, mas o não-objeto esvaziado que era meio de troca. No lugar do casaco havia um valor transcendental que apagava tanto o ato de fazer o casaco quanto o ato de vesti-lo. *O capital* representava a tentativa de Marx de devolver o casaco ao seu proprietário.

2. O casaco de Marx

1852 foi mais um ano catastrófico para o lar de Marx.[5] Nos primeiros meses do ano, numa tentativa para explicar os fracassos das revoluções de 1848 e o triunfo da reação, Marx estava escrevendo *O 18 de brumário*. Doente, teve que ficar de cama quase todo o mês de janeiro, escrevendo com a maior das dificuldades. Mas tinha que continuar escrevendo, pois, juntamente com as doações de Engels e com aquilo que ele podia penhorar, essa atividade era a fonte de renda de um lar constituído de quatro crianças e três adultos. Na verdade, o problema não era apenas que Marx era obrigado a escrever; ele era obrigado a escrever *matérias jornalísticas*. Em junho de 1850, Marx conseguira um passe de entrada para a sala de leitura do Museu Britânico, podendo, assim, começar a pesquisa que serviria de base para *O capital*. Mas para financiar essa pesquisa ele precisava escrever por dinheiro.[6] Além disso, de qualquer forma, durante a doença, não conseguia mais ir ao Museu. Quando se recuperou, queria passar pelo menos algum tempo na biblioteca, mas não podia.

A situação financeira se tornara tão desesperadora que Marx tinha não apenas perdido o crédito com o açougueiro e o verdureiro, mas também fora obrigado a penhorar o sobretudo.[7] No dia 27 de fevereiro, escreve a Engels: "Há uma semana cheguei à bela situação em que não posso sair por causa dos casacos que tive que penhorar" (MARX, 1983a, p. 50). Sem o sobretudo, ele não podia ir ao Museu Britânico (DRAPER, 1985, p. 61). Não acho que haja uma resposta simples para a razão pela qual ele não podia ir. Sem dúvida, não era aconselhável que um homem doente enfrentasse o inverno inglês sem um sobretudo. Mas os fatores sociais e ideológicos eram, provavelmente, tão importantes quanto o frio. O salão de leitura do Museu Britânico não deixava entrar *qualquer um* que simplesmente chegasse vindo da rua, e um homem sem sobretudo, mesmo que tivesse um passe de entrada, *era* simplesmente qualquer um. Sem seu sobretudo, Marx não estava, numa expressão cuja força é difícil de apreender, "vestido em condições de ser visto".

Na verdade, o sobretudo de Marx estava destinado a entrar e a sair da casa de penhores durante o período inteiro dos anos 1850 e o início dos anos 1860. E seu sobretudo determinava diretamente que tipo de trabalho ele podia fazer ou não. Se o sobretudo estivesse na casa de penhores durante o inverno, ele não podia ir ao Museu Britânico. Se não pudesse ir ao Museu Britânico, não podia fazer a pesquisa para *O capital*. As roupas que Marx vestia moldavam, assim, o que ele escrevia. Há, aqui, um nível de determinação material vulgar que é difícil até mesmo de pensar, embora as considerações materiais vulgares fossem precisamente aquilo sobre o qual Marx estava pensando: todo o primeiro capítulo de *O capital* segue os rastros das migrações de um casaco, visto como mercadoria, no interior do mercado capitalista. Naturalmente, se tivesse penhorado o casaco, Marx simplesmente precisava parar suas pesquisas e voltar para o jornalismo. Suas pesquisas não traziam dinheiro algum; sua atividade jornalística, um pouco. Era apenas graças à sua atividade jornalística (e ao apoio de Engels e outros amigos) que ele conseguia o dinheiro não apenas para comer e pagar o aluguel, mas também para resgatar o casaco da casa de penhores, e era apenas em posse do casaco que ele estava em condições de voltar ao Museu Britânico.

Mas havia outra conexão direta entre a casa de penhores e os materiais utilizados por Marx para escrever. Mesmo o jornalismo, e particularmente o jornalismo que Marx praticava, exigia materiais: jornais, livros, caneta e tinta, papel. Em setembro do mesmo ano, ele não pôde escrever os artigos para o *New York Daily Times* porque não tinha dinheiro para comprar os jornais que precisava ler para escrevê-los. Em outubro, Marx contava que fora obrigado a penhorar "um casaco da época de Liverpool para poder comprar papel para escrever" (MARX, 1983a, p. 21; DRAPER, 1985, p. 64-65).[8]

Uma ideia de quão precária era a vida econômica de Marx durante esse período é sugerida pelo relatório de um espião prussiano, provavelmente datado do outono de 1852:

> Marx vive num dos piores – portanto, num dos mais baratos – quarteirões de Londres. Ele ocupa dois quartos. O que dá para a rua é a sala de estar; o dormitório está na parte dos fundos. Não há em todo o apartamento uma única mobília que esteja limpa e inteira. Tudo está quebrado e em pedaços, com meio palmo de poeira cobrindo tudo. E há uma grande e antiga mesa coberta com oleado e nela estão seus manuscritos, livros e jornais, assim como brinquedos infantis e trapos e retalhos da cesta de costura de sua esposa, diversas xícaras com as bordas quebradas, facas, garfos, lamparinas, um tinteiro, cachimbos holandeses, cinzas de tabaco – numa palavra, tudo desarrumado e tudo na mesma mesa. Um dono de brechó se sentiria envergonhado até mesmo de simplesmente dar de graça a alguém uma coleção tão notável de quinquilharias e bugigangas (MCLELLAN, 1981, p. 35).

Um dono de brechó poderia ter se sentido envergonhado, mas os Marx não podiam se dar a esse luxo. Seus móveis quebrados, suas panelas e frigideiras, seus talheres, suas próprias roupas, tinham um valor de troca. E eles sabiam exatamente qual era esse valor, uma vez que cada uma das peças de seus pertences tinha feito o trajeto de ida e volta entre sua casa e a casa de penhores.

Tudo o que a família tinha herdado dos Von Westphalen, a aristocrática família de Jenny, fora transformado em dinheiro vivo. Em 1850, Jenny penhorou a prataria da família. Como lembra Henry Hyndman, as tentativas do próprio Marx para penhorar mais objetos de prata tinham sido um desastre:

> Certa vez, o próprio Marx, em estado de grande necessidade, saiu para penhorar alguns objetos de prata. Ele não estava particularmente bem vestido e seu domínio do inglês não era tão bom como se tornou mais tarde. Infelizmente, os utensílios de prata, como se descobriu, portavam o timbre da família do Duque de Argyll, os Campbells, com cuja casa a senhora Marx estava diretamente ligada. Marx chegou ao Banco dos Três Globos[9] e apresentou suas colheres e garfos. Noite de sábado, judeu estrangeiro, roupa desarrumada, cabelo e barba grosseiramente penteados, bela prata, timbre nobre – uma transação, de fato, bastante suspeita. Assim pensou o penhorista a quem Marx se dirigiu. Ele, portanto, deteve Marx, com base em algum pretexto, enquanto chamava a polícia. O policial teve a mesma opinião que o penhorista, levando o pobre Marx para a delegacia de polícia. Ali, outra vez, as aparências estavam fortemente contra ele. Assim Marx experimentou a desagradável hospitalidade de uma cela policial, enquanto sua ansiosa família lamentava seu desaparecimento (McLELLAN, 1981, p. 149).

Trata-se de uma história contada pela senhora Marx muito mais tarde, e ela pode ter condensado muitas atribulações em uma única e vívida história. Mas qualquer que seja a verdade literal da história, ela dá uma boa ideia da vida contraditória dos Marx nos anos 1850, definida agora não por suas conexões aristocráticas e de classe média na Alemanha, mas por suas pobres vestes, sua condição de estrangeiro e, no caso de Marx, por ser judeu.

Em *O 18 de brumário*, Marx analisou o poder e a instabilidade das roupas. Na verdade, o texto fica suspenso entre dois diferentes relatos da apropriação de roupas. O primeiro relato é o inverso quase exato da própria situação de Marx. Isto é, seu próprio projeto estava o tempo todo ameaçado pela dispersão de suas roupas e a penhora de seu sobretudo, com a constante diminuição de sua autoridade até mesmo para entrar no Museu Britânico. Mas *O 18 de brumário* começa com as tentativas de outros para adotar as vestes autorizadas do passado de forma a criar autoridade no presente. Se é verdade que "a tradição de todas as gerações mortas pesa como um pesadelo sobre o cérebro dos vivos", foi apenas pela via do despertar dos mortos que as revoluções anteriores se legitimaram a si próprias. A Revolução tinha, antes, surgido em "nomes" e "vestes" emprestados: Lutero pôs a "máscara" de São Paulo; a Revolução de 1789 a 1814 se "vestiu", sucessivamente, como a República Romana e como o Império Romano;

Danton, Robespierre, Napoleão "cumpriram a missão de seu tempo em vestes romanas" (MARX, 1963, p. 16). Trata-se, naturalmente, de metáforas. Mas são metáforas que têm sido historicamente literalizadas. Isto é, os códigos de vestes e a iconografia, tanto da Revolução Francesa quanto do Império Francês, se basearam no código de vestes e na iconografia da República Romana e do Império Romano. "Por menos heroica que seja a sociedade burguesa", em seus primeiros e revolucionários momentos, ela se veste com a roupagem do passado de forma a se imaginar a si mesma em termos da "grande tragédia histórica" (MARX, 1963, p. 16).

Ironicamente, Marx encontra seu próprio propósito histórico na grotesca imagem de Luís Bonaparte tornando a vestir o presente nas esplêndidas roupagens do passado, num ato que põe em descrédito tanto o passado quanto o presente. Embora Marx comece sua polêmica contra a ascensão de Luís Bonaparte representando-a como uma farsa grotesca (ou como uma "segunda edição") (MARX, 1963, p. 15) da "tragédia" do 18 de brumário, quando Napoleão I chega ao poder, Marx conclui com a afirmação de que a paródia de Luís desnuda o passado. O presente não é tanto uma história de declínio (da tragédia à farsa) quanto um desmascaramento do passado como constituindo, ele próprio, uma farsa. Na conclusão de *O 18 de brumário*, Marx escreve que Luís reviveu "o culto do manto napoleônico". "Mas quando o manto imperial finalmente cair sobre os ombros de Luís Bonaparte, a estátua de bronze de Napoleão cairá do alto da coluna de Vendôme" (MARX, 1963, p. 135). Luís Bonaparte consegue, assim, por acaso, precisamente aquilo que o próprio Marx tenta conseguir: o desmantelamento das formas triunfalistas do Estado.

Entretanto, o conceito de desmantelamento ideológico ou político era, como argumentava o trabalho de Marx, inadequado para lidar com as forças econômicas que, de forma muito literal, desmantelavam o proletariado e o lumpemproletariado, ao mesmo tempo que vestiam a burguesia nas vestes emprestadas do capitalismo emergente – as vestes que a burguesia adquirira através do trabalho expropriado daqueles que labutavam, sobretudo, nas indústrias têxteis. A Inglaterra, onde Marx agora morava, era o centro do capitalismo *porque* era o centro das indústrias têxteis. Sua riqueza se fundamentara, primeiro, na lã e, depois, no algodão. O próprio Engels fora enviado para a Inglaterra para, inicialmente, trabalhar na fábrica de algodão de Manchester da qual sua família era sócia e, depois, para administrá-la. Pode-se dizer que, na medida em que os Marx sobreviveram graças à generosidade de Engels, eles viveram dos lucros da indústria algodoeira.

Mas eles sobreviveram, durante todo o período dos anos 1850 e a parte inicial dos anos 1860, apenas marginalmente. O pai de Engels insistia para que ele aprendesse o ofício começando de baixo e, em especial na parte inicial desse período, ele não tinha muito dinheiro para esbanjar. Mesmo para ganhar o pouco que ganhava, ele teve que sacrificar suas próprias ambições como jornalista em Londres e seguir um ofício pelo qual tinha ojeriza (McLellan, 1978, p. 21-29). Defrontamo-nos, aqui, com um curioso paradoxo na vida de Marx. Ou seja, embora ele tivesse empreendido, de uma forma que nunca tinha sido feita antes, uma análise do funcionamento sistemático do capitalismo, ele próprio dependia, sobretudo, de práticas pré-capitalistas ou marginalmente capitalistas: pequenas heranças; doações; a redação de livros que frequentemente tinham que ser subsidiados. Mas embora trabalhasse sobretudo fora do mercado capitalista, ainda assim viveu, durante o período sobre o qual escrevo, aquilo que só pode ser chamado de uma vida proletária e, às vezes, subproletária.

Marx aprendeu o que sabia sobre o funcionamento do capitalismo tendo como base sobretudo suas conversas e atividades políticas e suas leituras no Museu Britânico, mas o que ele sabia a respeito do tipo de vida doméstica das classes operárias era resultado de aprendizagem direta. Era uma vida vivida em quartos abarrotados: nos anos 1850, os membros da família Marx (entre seis e oito pessoas) se dividiam entre dois e, depois, três quartos (Padover, 1978, p. 23); uma vida em débito para com os padeiros e os verdureiros e os açougueiros; uma vida na qual uma compra frequentemente tinha que ser compensada pela venda ou pela penhora de algumas compras anteriormente feitas. Como em qualquer lar de classe operária, as esperanças e as desesperanças dos Marx podiam ser deduzidas de suas idas às casas de penhores.

Permito-me aqui dar apenas um relato um tanto seletivo das relações do lar de Marx com os penhoristas. Em 1850, Jenny Marx penhorou objetos de prata em Frankfurt e vendeu móveis em Colônia (MARX, 1982, p. 38). Em 1852, precisando comprar papel para poder continuar escrevendo, Marx foi obrigado a penhorar o sobretudo (DRAPER, 1985, p. 65). Em 1853, "tantos de nossos objetos absolutamente essenciais tinham feito o seu trajeto para a casa de penhores e a família tinha ficado tão pobre que, nos últimos dez dias, não se encontrava um centavo na casa" (MARX, 1983a, p. 385). Em 1856, para financiar a mudança para a nova casa, eles não apenas precisaram de toda a ajuda de Engels, mas foram também obrigados a penhorar algumas posses domésticas (MARX, 1983b, p. 70).

Em 1858, em outro período de dramática crise financeira, Jenny Marx penhorou seu xale e, no final do ano, ela estava às voltas com cartas de cobrança de seus credores e foi obrigada a "fazer excursões às casas de penhores da cidade" (MARX, 1983b, p. 255, 360). Em abril de 1862, eles deviam vinte libras do aluguel e tiveram que penhorar as roupas das filhas e de Helene Demuth, bem como suas próprias roupas (MARX, 1985, p. 380). Eles as recuperaram mais tarde, na primavera, mas tiveram que penhorá-las, de novo, em junho. Em janeiro do ano seguinte, além de lhes faltar alimentação e carvão, as roupas das filhas foram, outra vez, penhoradas e elas não puderam ir à escola. Em 1866, a família estava, outra vez, numa situação aflitiva, tendo penhorado tudo que era possível, e Marx não tinha como comprar papel para escrever (DRAPER, 1985, p. 133).

O relato mais completo de suas contas durante esse período está numa carta de Marx para Engels em julho de 1858 (MARX, 1983b, p. 329-330). Ele escreve que a situação é "absolutamente insustentável" e que está *"completamente impossibilitado* de realizar qualquer trabalho" por causa de suas dificuldades domésticas. Além dos débitos para com o padeiro, o açougueiro, o queijeiro, o verdureiro, e três libras e dez xelins para blusas, vestidos, sapatos e chapéus para as filhas, ele pagou três libras de juros para o penhorista, e outras três libras e dez xelins para recuperar roupas de cama e outras coisas da casa de penhores. Além disso, estava pagando uma certa soma em dinheiro, semanalmente, para o vendedor a prestações, por um casaco e uma calça para ele próprio. Esse tipo de vendedor vendia artigos a crédito por uma quantia, a ser paga em prestações semanais, que era o dobro do que realmente valiam. Em outras palavras, quanto mais pobre se era, mais cara era a vida. Para evitar a perda dos bens penhorados, as cautelas de penhores tinham que ser regularmente pagas. E se a pessoa não tivesse condições de comprar roupas à vista, tinha que pagar muito mais para comprá-las a prestação.

A vida doméstica de Marx dependia, pois, dos "miseráveis cálculos" que caracterizavam a vida da classe operária. Qualquer prazer ou luxo tinha que ser avaliado relativamente ao sacrifício de um outro prazer ou até mesmo de uma necessidade. A "respeitabilidade", essa virtude central do século XVIII, era uma coisa a ser comprada e, em tempos de necessidade, penhorada. Em *A condição da classe operária na Inglaterra*, escrita em 1844, Engels descreveu tanto a materialidade quanto a fragilidade dessa respeitabilidade. Ele registrou um milhar de pequenas sagas, como a da mulher processada pelos roubos de seus filhos. Ela tinha vendido a armação da cama e penhorado os lençóis e cobertas para comprar comida (ENGELS, 1987, p. 74). A respeitabilidade se traduzia em uma cama, em lençóis e cobertas, em utensílios de cozinha, mas, sobretudo, em roupas apropriadas. As roupas, escreveu Engels, eram os marcadores visíveis da classe:

> As roupas das pessoas da classe operária, estão, na maioria dos casos, numa condição muito ruim. O material usado não é dos melhores. A lã e o linho praticamente desapareceram do guarda-roupa de ambos os sexos, e o algodão tomou seu lugar. As camisas são feitas de algodão alvejado ou colorido; as roupas das mulheres são,

principalmente, de estampado de algodão, e saias de lã são raramente vistas no varal. Os homens vestem principalmente calças de fustão ou outras roupas de algodão grosseiro, e jaquetas ou casacos do mesmo material. O fustão se tornou a veste proverbial dos homens da classe operária, que são conhecidos como os "jaquetas de fustão": eles dão essa designação a si próprios, em contraste com os cavalheiros que vestem roupas finas de caxemira. Quando Fergus O'Connor, o líder cartista, veio a Manchester, durante a insurreição de 1842, ele apareceu, em meio ao aplauso ensurdecedor dos operários, num terno feito de fustão (ENGELS, 1987, p. 102-103).

Se as roupas dos pobres eram assombradas pelo espectro da desapropriação (por sua transformação em dinheiro nas casas de penhores), elas podiam também se tornar a materialização da resistência de classe. O relato que Engels faz sobre as roupas de fustão de Fergus O'Connor aponta para a construção de um discurso simbólico de classe, tendo como base os próprios materiais da opressão sofrida pelos trabalhadores.

O fustão era uma roupa grosseira, feita de sarja levemente flanelada. A sua cor era, em geral, oliva ou chumbo ou outra cor escura. No século XIX, o fustão estava associado exclusivamente às classes operárias. Em 1861, Digby se referiu ao "malandro vestido de fustão". De forma similar, Hardy escreveu, em 1883, a respeito da "gente acaipirada, vestida de fustão". O que impressiona na atividade cartista de Fergus O'Connor é que, apesar de suas pretensões a uma ascendência real irlandesa e de sua independência financeira, ele, autoconscientemente, adotou a roupa de seus seguidores. Quando foi libertado da prisão em 1841, ele estava, como registra o *Northern Star*,

> vestido como prometera: em fustão. Vestia um terno completo, feito de uma única peça de tecido, que fora confeccionado expressamente para a ocasião e presenteado por aqueles que se preocupavam não apenas com seu bem-estar mas que também estavam imbuídos de seus princípios e de seu espírito – os de mãos calosas e os vestidos em jaquetas de fustão de Manchester (PICKERING, 1986, p. 157).

Quando de sua libertação, O'Connor explicou a importância do significado de classe das roupas que estava vestindo: "Surgi entre vocês, irmãos cartistas e operários, vestido de fustão, o emblema de vossa classe, a fim de convencer-vos, num único olhar, de que eu era, quando vos deixei, a mesma pessoa que agora retorna para o vosso meio". Na verdade, a identificação de O'Connor com o fustão antecedeu sua libertação; suas contribuições para o *Northern Star* tinham sido constantemente dirigidas aos de "jaquetas de fustão" e aos de "mãos calosas". E o fato de O'Connor ter adotado o fustão fez com que um material barato se transformasse no símbolo da consciência classista radical. Em agosto de 1841, um cartista de Preston escreveu a O'Connor:

a principal razão pela qual lhe escrevo é para saber em que cor de fustão ou de algodão você saiu da prisão: se é que pobres diabos como nós podem se permitir ter uma nova jaqueta, gostaríamos de tê-la na mesma cor (PICKERING, 1986, p. 161).

O fustão tornou-se assim um monumento material, a corporificação de uma política classista que antecedia a uma linguagem política de classe.

Mas a experiência cotidiana das pessoas da classe operária revela que mesmo as mais pobres das roupas – incluindo o fustão – não eram um marcador estável de identidade social. As roupas migravam o tempo todo. Os homens da classe operária podiam comprar um casaco de lã para o domingo, mas a lã era feita de flocos obtidos pela trituração de roupas velhas, que se rasgava facilmente e logo ficava puída. Ou então fora comprado num brechó. Engels escreveu que "a roupa dos homens da classe operária está, na maioria dos casos, em péssima condição, e, quanto às melhores, elas são, por necessidade, repetidamente penhoradas" (ENGELS, 1987, p. 103). E mais: "As mobílias, as roupas domingueiras (quando existem), os utensílios de cozinha, são resgatados em massa das casas de penhores na noite de sábado apenas para voltarem, quase sempre, antes da próxima quarta-feira" (ENGELS, 1987, p. 152). As roupas, na verdade, e não os utensílios de cozinha eram as coisas mais frequentemente penhoradas. Numa pesquisa das casas de penhores feita em 1836, as roupas eram responsáveis por mais de 75% do total, com os utensílios de metal (incluindo relógios, anéis e medalhas) perfazendo apenas 7,4% do total, e as bíblias, 1,6% (Tebbutt, 1983, p. 33).

Este, como tão bem demonstrou Melaine Tebbutt, era o padrão costumeiro no comércio de penhores: os salários recebidos na sexta ou no sábado eram usados para resgatar as melhores roupas da casa de penhores. As roupas eram vestidas no domingo e então penhoradas, outra vez, na segunda-feira (um dia no qual as casas de penhores recebiam três vezes mais penhores que em qualquer outro dia) (Tebbutt, 1983, p. 6). E o ciclo era rápido: a maioria dos itens era penhorada e depois resgatada, semanal ou mensalmente. A própria taxa de penhora e resgate era um indicador de riqueza e pobreza. Considere-se o caso de duas casas de penhores, em Liverpool, nos anos 1860. Na que atendia os mais pobres, 66% dos objetos penhorados eram resgatados no intervalo de uma semana e 82% no intervalo de um mês. Na que atendia uma clientela menos pobre havia uma rotatividade menor: respectivamente, 33% e 62% (Tebbutt, 1983, p. 9). Um carpinteiro, que havia penhorado suas ferramentas por quinze xelins durante uma greve, penhorou suas melhores roupas para resgatá-las quando a greve terminou. Quando retornou ao trabalho, ele levava suas ferramentas de volta à casa de penhores todo sábado para recuperar suas melhores roupas, que ele voltava a penhorar toda segunda-feira, em troca de suas ferramentas. Pelos quinze xelins que ele obtinha em troca de seus penhores, ele tinha que pagar oito pênis por semana (um juro de cerca de 4,5% à semana, 19% ao mês e 235% ao ano) (TEBBUTT, 1983, p. 32-33). Pode-se ter uma boa ideia da frequência com que as melhores roupas de muitas famílias habitavam a casa de penhores durante a maior parte do ano ao se considerar o aumento repentino na taxa de resgate por ocasião das festas principais, tais como o domingo de Pentecostes, quando as pessoas se vestiam da melhor forma que podiam para a celebração da primavera (TEBBUTT, 1983, p. 33).

Para a família Marx, a penhora de suas roupas limitava muitíssimo suas possibilidades sociais (MARX, 1987, p. 331). No inverno de 1866, Jenny Marx não podia sair porque todas as suas roupas respeitáveis tinham sido penhoradas. No ano seguinte, suas três filhas foram convidadas para passar uma temporada de férias em Bordeaux: eles tinham que não apenas calcular todas as despesas da viagem, mas também resgatar as roupas das filhas da casa de penhores para deixá-las apresentáveis (MARX, 1987, p. 397). A felicidade era muitas vezes medida pela compra de roupas novas ou pelo resgate de coisas da casa de penhores. Quando Wilhelm Wolff morreu em 1864, deixando-lhe um legado considerável, Marx escreveu: "Eu gostaria muito de comprar seda de Manchester para a família *inteira*"

(MARX, 1985, p. 527). A morte, na verdade, produzia a mais contraditória das emoções. Se fosse alguém da família, um caixão tinha que ser comprado, tinha que se encontrar uma forma de cobrir as despesas do funeral, e os Marx frequentemente não tinham dinheiro para fazer frente a essas despesas (McLELLAN, 1981, p. 25). Mas se um parente endinheirado morresse, isso era causa de celebração.[10] O mais íntimo dos laços familiares e puras transações comerciais expressavam-se na mesma linguagem: "tio" ou "papai" são nomes utilizados tanto para parentes quanto para donos de casas de penhores. Tanto "tio" quanto "papai" sugerem não apenas a relação familiar que se tinha com o penhorista repetidamente visitado, mas também, inversamente, a ideia de que um parente, tal como o penhorista, era alguém do qual se esperava obter algum dinheiro. Para os Marx, tios e "tios" eram, com frequência, fontes equivalentes e alternativas de sua sobrevivência financeira.

Mas as relações com o penhorista eram estruturalmente conflitivas.[11] Pois era na casa de penhores que a vida dupla das coisas aparecia sob sua forma mais contraditória. Os objetos a serem penhorados podiam servir às necessidades da vida doméstica (como panelas e roupas) ou constituir símbolos de realização e sucesso (como relógios e joias), mas eram também, em muitos casos, os depositários da memória. Mas penhorar um objeto é despojá-lo de memória. Pois um objeto só pode voltar ao seu estado de mercadoria e readquirir seu valor de troca se for despojado de sua particularidade histórica. Da perspectiva da casa de penhores, qualquer valor que não seja o de troca é um valor *sentimental*, um valor do qual o objeto deve ser destituído para poder ser "livremente" trocado no mercado. Era, pois, na casa de penhores, e não nas fábricas (que se tornavam, de forma crescente, o motor da produção capitalista), que a oposição entre a particularidade de uma coisa e o valor de troca abstrato de uma mercadoria era mais visível. Quem tivesse um passado tão privilegiado como o de Jenny Marx podia levar para o "tio" guardanapos finos que vinham de uma antiga ascendência escocesa (MARX, 1985, p. 570-571). Mas essa história de família, que era, sem dúvida, cheia de significado para Jenny Marx, não tinha nenhuma importância para o dono da casa de penhores, a menos que aumentasse o valor de troca dos objetos. O dono da casa de penhores não ia pagar por memórias pessoais ou de família. Muito pelo contrário. Na linguagem das pessoas que, no século XIX, trabalhavam com confecção e conserto de roupas, os vincos nos cotovelos de uma jaqueta ou numa manga eram chamados de "memórias". Esses vincos lembravam o corpo que tinha habitado a vestimenta. Eles tornavam memoráveis a interação, a constituição mútua, entre pessoa e coisa.[12] Mas da perspectiva da troca comercial, cada vinco ou "memória" constituía uma desvalorização da mercadoria.

Assim, para os pobres, as memórias estavam inscritas em objetos que eram assombrados pela perda. Pois os objetos estavam o tempo todo prestes a sumirem. O cálculo das prováveis futuras jornadas das roupas e de outros objetos até a casa de penhores estava inscrito na sua compra.[13] Como observa Ellen Ross, o "banco" de enfeites no parapeito da lareira, numa casa operária, era, realmente, um banco, uma vez que representava os escassos recursos que poderiam, entretanto, ser penhorados e resgatados em dinheiro em épocas de necessidade (Ross, 1993, p. 46). Para os pobres, os objetos e as memórias a que estavam ligados não permaneciam no lugar. Raramente podiam se tornar bens de família. E os objetos postos em penhora podiam ser qualquer coisa que ainda tivesse valor de troca. Nos anos 1820, Charles Dickens, ainda garoto, foi à casa de penhores com valiosos livros da família: *Peregrine Pickle, Roderick Random, Tom Jones, Humphry Clinker* (Johnson, 1952, p. 1, 31). O pior estava por vir. Depois da libertação do pai, preso por uma dívida de quarenta libras, foram iniciados processos de falência contra ele. "A lei previa que as roupas e os bens pessoais do devedor e de seus dependentes não deviam exceder o valor de vinte libras" (Johnson, 1952, p. 1, 37). Charles, consequentemente, foi enviado a um perito oficial para ter suas roupas avaliadas. Ele estava com um chapéu branco infantil, uma jaqueta e calças de veludo, nada de muito valor, mas se sentia dolorosamente consciente do relógio de prata do avô que batia em seu bolso.

A dolorosa consciência que tinha Dickens a respeito das relações entre a memória, o valor de troca e a casa de penhores subjaz ao relato que ele fez mais tarde, em *Sketches by Boz* [*Retratos londrinos*, na tradução de Marcello Rollemberg, Record], da "casa de penhores". Uma moça, acompanhada da mãe, traz "uma pequena corrente de ouro e um anel de noivado", recebidos como presentes em melhores tempos e valorizados outrora, talvez, por causa do doador" (DICKENS, 1994, p. 192). Agora, as duas mulheres discutem com o dono da casa de penhores o valor monetário dos objetos. Esse relato sobre a casa de penhores, entretanto, não apenas estabelece uma distância relativamente à própria experiência de Dickens, mas também a transforma violentamente numa experiência de gênero, de maneira a associar a troca comercial com a condição de ser mulher. Pois as mulheres são retratadas como se estivessem em vias de se tornarem mercadorias. Isso já está representado no fato de que elas se separam de seus marcos memoriais "sem nenhuma luta" (DICKENS, 1994, p. 192). Na verdade, a descrição de Dickens sentimentaliza e, ao mesmo tempo, demoniza a transação. Como ele próprio observou, as verdureiras e as peixeiras mostravam o que ele, em outro livro, chamou de "estranha previdência", comprando "enormes broches" e "imensos anéis de prata" como "futuros e convenientes penhores" (TEBBUTT,

1983, p. 17). Em contraste, as joias ligadas a marcos importantes da vida só eram penhoradas em circunstâncias excepcionais. Em 1884, um único penhorista de Suderland recebeu, como penhores, mil e quinhentos anéis de noivado e três mil relógios, um sinal evidente da situação desesperadora causada pela depressão econômica. Uma mulher se lembra de ter visto outras mulheres chorando enquanto olhavam para seus próprios anéis de noivado na vitrine, sem ter como resgatá-los (TEBBUTT, 1983, p. 26). Entretanto, a possibilidade futura de penhorá-lo podia entrar até mesmo no cálculo da compra de um objeto ligado a algum evento importante da vida:

> Uma jovem noiva do tempo da guerra, criada em Jarrow, nos anos 1930, e que tinha lembranças ainda vivas de como sua mãe tinha, durante a depressão, penhorado a própria aliança, fez o noivo comprar, por previdência, igual à da mãe, a aliança mais cara que podia (TEBBUTT, 1983, p. 26).[14]

Essa tensão endêmica entre, de um lado, formas de autodeterminação e de memorialização (isto é, o desejo de marcar materialmente datas e eventos importantes da vida) e, de outro, formas da troca de mercadoria é tratada por Dickens em "A casa de penhores" simplesmente como degeneração feminina. A ilustração de Cruikshank que acompanha o texto de Dickens mostra a mãe e a filha: num lado, "uma mulher jovem, cujas roupas, miseravelmente pobres mas extremamente vistosas, lamentavelmente frias mas extravagantemente elegantes, claramente denunciam sua posição na vida" e, no outro, uma mulher que é "a mais baixa possível; suja, desabotoada, desalinhada e desleixada" (DICKENS, 1994, p. 192). Dickens transfere para as mulheres a relação entre a particularidade do objeto-como-memória e a generalidade do objeto-como-mercadoria, a primeira apresentada como amor verdadeiro, a última como prostituição.

Dickens e Cruikshank representam de forma demonizada o real viés de gênero da casa de penhores, na qual, como mostrou Ellen Ross, as transações eram geralmente conduzidas por mulheres.[15] Escreve Ross:

> O fato de que a penhora era, na Londres vitoriana e eduardiana, um domínio tão fortemente feminino, nos diz algo sobre os tipos de coisas comumente penhoradas – roupas e bens domésticos – e também sobre o fato de que a penhora era frequentemente um estágio do processo de garantir que houvesse comida na mesa (ROSS, 1993, p. 47).

Nesse aspecto, as penhoras do lar de Marx não eram diferentes. Era Marx quem escrevia sobre a forma como o dinheiro opera, mas eram sua mulher, Jenny, e sua criada, Helene Demuth, que organizavam as finanças da casa e iam à casa de penhores. Wihelm Liebknecht, um exilado alemão que visitava os Marx quase diariamente nos anos 1850, observou "toda a lida" de Helene Demuth: "Eu apenas lhe lembraria das muitas visitas àquele parente misterioso, profundamente odiado e, ainda assim, assiduamente cortejado e todo benevolente: o 'tio' do Banco dos Três Globos" (MCLELLAN, 1981, p. 59). E Jenny Marx também se envolveu nesse vai e vem entre sua casa e a casa de penhores por toda a década de 1850. Recordando esse período, ela escreveu numa carta a Liebknecht:

> Em toda essa dureza, o mais difícil, porque considerado o menos importante, fica na mão das mulheres. Enquanto os homens são fortalecidos pela luta no mundo exterior, reforçados por estarem face a face com o inimigo, mesmo que seja uma legião, nós ficamos sentadas em casa remendando meias (PADOVER, 1978, p. 42).

Ela poderia ter acrescentado: "provendo as formas materiais de sobrevivência, tendo como recurso a casa de penhores".

Mas o próprio Marx nunca ficou alheio às crises das finanças domésticas, como testemunham suas infindáveis e queixosas cartas a Engels. E mesmo as histórias que contava às suas filhas são assombradas pela migração dos objetos sob a pressão da dívida. Quando, em 1895, Eleanor Marx relembrou sua vida com o pai, ela escreveu:

> Das muitas histórias maravilhosas que o Mouro me contou, a mais maravilhosa, a mais gostosa foi a de Hans Röckle. Durou meses, era uma

série inteira de histórias. Hans Röckle era um mágico do tipo de Hoffmann, que tinha uma loja de brinquedos e que estava sempre "duro". Sua loja era cheia das coisas mais maravilhosas – homens e mulheres de madeira, gigantes e anões, reis e rainhas, servos e patrões, animais e pássaros tão numerosos quanto os que entraram na Arca de Noé, mesas e cadeiras, carruagens, caixas de todos os tipos e tamanhos. Embora fosse mágico, Hans nunca conseguia pagar suas dívidas para com o diabo nem para com o açougueiro, e era portanto – muito contra a sua vontade – constantemente obrigado a vender seus brinquedos para o diabo. Esses brinquedos passavam, pois, por maravilhosas aventuras, terminando, sempre, por retornar à loja de Hans Röckle (McLellan, 1981, p. 100-101).

A loja de brinquedos de Hans Röckle parece corporificar a plenitude do mundo das coisas feitas. E aquelas coisas, tal como seu proprietário, tinham poderes mágicos. Mas como Röckle está constantemente em débito, ele está para sempre obrigado a vender seus brinquedos para o diabo. O momento da venda é o momento da alienação, o momento em que os brinquedos são destituídos de sua magia, quando são transformados em valores de troca. Mas a história contada por Marx não aceita a transformação dos brinquedos em mercadorias. Embora sejam vendidos ao diabo, este nunca se torna seu possuidor, pois eles têm uma vida própria, uma vida que finalmente os leva de volta ao seu ponto de origem, Hans Röckle. As histórias que Marx contava à jovem filha são, sem dúvida, uma alegoria tanto dos momentos de falta absoluta de posses quanto das visitas à casa de penhores. Antes de Eleanor ter nascido, seus pais tinham visto oficiais de justiça entrar em casa e levar tudo, incluindo "os melhores brinquedos que pertenciam às filhas"; eles tinham visto Jenny e Laura em lágrimas por causa dessa perda. Mas nas histórias, tal como nas visitas à casa de penhores para resgatar objetos anteriormente penhorados, o momento da perda é desfeito: os brinquedos retornam.

Foi a esse desfazer sistemático da perda que Marx dedicou toda a sua vida. A perda, naturalmente, não era a dele próprio; era a perda de toda a classe operária, alienada dos meios de produção. Essa alienação significava que eles, os produtores da maior variedade de coisas que o mundo já vira, estavam para sempre do lado de fora dessa plenitude material, espiando através das vitrines da loja os brinquedos que tinham feito, mas que eram, agora, "propriedade privada". A propriedade privada da burguesia era comprada às custas da desapropriação da classe operária relativamente às coisas deste mundo. Podiam ter alguma posse, mas sempre precariamente. Se suas coisas eram algumas vezes animadas por seus amores, suas histórias, sua manipulação, eram também muitas vezes animadas pelas operações do mercado, que retomava essas coisas e as despojava de seus amores e suas histórias, desvalorizando-as porque elas tinham sido manipuladas. Mas, para Marx, a casa de penhores não podia ser o ponto de partida para uma análise da relação entre objeto e mercadoria. Há, penso, duas razões para isso. A primeira é que o penhorista é, da perspectiva de Marx, um agente do consumo e da recirculação de bens, e não da sua produção. A segunda é que, embora vejamos, na casa de penhores, a transformação do objeto em mercadoria, essa transformação particular é uma característica tanto das formações pré-capitalistas quanto das capitalistas. Não há nada de especificamente novo sobre o valor de troca ou mesmo sobre penhoristas. E pensar no dono da casa de penhores como um capitalista leva a todas as formas previsíveis de ideologia reacionária: o intermediário como explorador; o judeu e o coreano como a origem da opressão.[16] O penhorista é, ao mesmo tempo, anterior ao capitalismo e marginal relativamente a ele, ao menos em suas manifestações tardias.

Havia, como sabia Marx, uma espécie de mágica nessas transformações materiais do capitalismo – uma mágica que Hans Christian Andersen registrou na fábula "O colarinho da camisa". O colarinho deseja se casar e pede, na lavanderia, uma liga em casamento. Mas ela rejeita a proposta; ele propõe, então, casamento a uma camisola. Esta também o recusa, dirigindo-se a ele de forma desdenhosa: "seu trapo". Muito tempo depois, tendo ido parar, como refugo, numa fábrica de papel, o colarinho diz:

"Chegou a minha hora de virar papel branco."
E foi isso que aconteceu. Todos os refugos se
transformaram em papel branco; e o colarinho
é exatamente esta folha que temos diante de nós
e na qual esta história foi impressa (ANDERSEN,
1982, p. 231).

Andersen devolve à *noção* do livro – que se tornava, cada vez mais, o meio "invisível" que juntava as ideias imateriais do escritor à mente imaterial do leitor – a matéria literal do livro e a participação da "literatura" no ciclo de vida da roupa. O que Marx devolve à noção do livro, assim como a qualquer outra mercadoria, é o trabalho humano que era apropriado na sua fabricação, o trabalho que produzia o tecido das camisas e das saias e das roupas de cama, o trabalho que transformava as roupas de cama em folhas de papel.

Marx, na verdade, escreveu no momento de crise desse processo. O desenvolvimento extraordinário da indústria de papel (para produção de jornais, papel de escritório, romances, papel de embrulho e assim por diante) levara a uma demanda cada vez maior por trapos de roupa, uma demanda que não podia mais ser satisfeita. Em 1851, o ano em que Marx começou a escrever *O 18 de brumário*, Hugh Burgess e Charles Watt produziram o primeiro papel comercialmente viável utilizando polpa de madeira como matéria prima (HUNTER, 1978, p. 555). De 1857 a 1860, na busca desesperada de materiais que substituíssem os trapos de tecido, importou-se esparto da Algéria, e era em papel feito dessa planta que o *Ilustrated London News*, o *Graphic* e o *Sphere* eram impressos. O primeiro jornal impresso inteiramente em papel feito a partir de polpa de madeira foi provavelmente o *Boston Weekly Journal*, o que ocorreu só depois de 1863 (HUNTER, 1978, p. 565). Em 1860, os trapos de tecido ainda formavam 88% do total do material usado na fabricação de papel (HUNTER, 1978, p. 564). Mas, por volta de 1868, um ano após a publicação do primeiro volume de *O capital*, o papel estava sendo usado para praticamente qualquer coisa que se pudesse imaginar: caixas, copos, pratos, tigelas, barris, tampos de mesa, venezianas, coberturas de casa, toalhas, guardanapos, cortinas, tapetes, correias mecânicas. Em 1869, caixões funerários de papel começaram a ser fabricados nos Estados Unidos (HUNTER, 1978, p. 568). Mas em nenhum outro fenômeno as transformações revolucionárias do capitalismo estavam mais evidentes do que nesta inversão: o papel, anteriormente feito do resíduo de tecido e de roupas, tinha se tornado agora o material a partir do qual colarinhos, coletes, mangas, aventais, botões, chapéus, lenços, casacos de chuva, espartilhos, cuecas e saias eram feitos. Os colarinhos de papel dos homens recebiam nomes pomposos como "Lord Byron", "Longfellow", "Shakespeare" e "Dante". Em 1869, um colarinho de papel foi nomeado em homenagem a Henry Ward Beecher, irmão de Harriet Beecher Stowe, incentivador da campanha antiescravagista e do voto feminino. O colarinho era popularmente conhecido como "garrote Beecher" (HUNTER, 1978, p. 385). Em 1860, uma canção intitulada "A era do papel" tornou-se popular nos salões musicais de Londres; ela era cantada por Howard Paul vestido num terno de papel (HUNTER, 1978, p. 386, 388).

Mas se havia de fato uma mágica nessas transformações, havia também uma devastadora apropriação dos corpos dos vivos e até mesmo das roupas dos mortos. Em 1855, o Dr. Isaiah Deck, um cientista de Nova York, sugeria que o papel poderia ser feito das tiras em que eram enroladas as múmias egípcias. "Neste período de sepultura", ele escreveu, "não é, de forma alguma, raro, encontrar mais de quinze quilos de envoltórios de linho em cada múmia". Ele vai adiante:

> O suprimento de trapos de linho não deveria estar limitado apenas às múmias da espécie humana. Independentemente do que se pode obter dessa fonte, uma quantidade mais do que equivalente de tecido poderia vir das múmias dos touros sagrados, dos crocodilos, das aves e dos gatos, na medida em que todos esses animais eram embalsamados e enfaixados num tipo superior de linho. Algumas faixas, que tinham de 15 cm a 1,5 m de largura e 8 m de comprimento, tinham sido extraídas inteiras das múmias, sem rasgar. A questão "valerá a pena?" pode ser prontamente respondida se supomos que o valor dos trapos vai de 8 a 12 centavos por

quilo; nos Estados Unidos, isso é considerado abaixo do valor de mercado de trapos do mais fino linho (HUNTER, 1978, p. 384).

Um certo Dr. Waite lembrava que, quando jovem, ele tinha, de fato, feito papel a partir de faixas de múmias. Ele observou que "as vestes enroladas retinham a forma da múmia, de modo que quando os trabalhadores tentavam endireitar ou desenrolar o casulo, ele retornava imediatamente à forma da múmia que ele tinha alojado por tanto tempo" (HUNTER, 1978, p. 383). É em transformações surrealmente grotescas como essas que podemos encontrar o rastro da emergência da mercadoria que nasce da morte da memória material. Em *O capital*, Marx tentou restaurar essa memória material, uma memória literalmente corporificada na mercadoria, embora suprimida *como* memória.

Em *O capital*, Marx escreveu sobre o casaco considerado como mercadoria – como a "forma celular" abstrata do capitalismo. Ele localizou o valor dessa forma celular no corpo expropriado do trabalho alienado. No processo de produção, argumentou ele, a mercadoria adquire uma vida transplantada, no momento mesmo em que o corpo do trabalhador é reduzido a uma abstração. Mas os casacos reais dos trabalhadores, como o do próprio Marx, podiam ser qualquer coisa, menos abstrações. Toda riqueza que possuíam, por menor que fosse, era armazenada não como *dinheiro* em *bancos*, mas como *coisas* em *casa*. O bem-estar podia ser medido pelas idas e vindas dessas coisas. Estar sem dinheiro significava ser forçado a desnudar o corpo. Ter algum dinheiro significava tornar a vestir o corpo. A extraordinária *intimidade* entre o estoque do penhorista e a enorme preponderância das roupas pode ser avaliada pelo relatório de um grande penhorista de Glasgow, em 1836. Ele tinha tomado como penhores:

> 539 casacos masculinos; 355 coletes; 288 pares de calças; 84 pares de meia; 1980 vestidos femininos; 540 saias; 132 roupas femininas variadas; 123 mantos; 90 vestidos longos; 240 lenços de seda; 294 camisas; 60 chapéus; 84 acolchoados; 108 travesseiros; 206 cobertores; 300 lençóis; 162 colchas; 36 toalhas de mesa; 48 guarda-chuvas; 102 bíblias; 204 relógios; 216 anéis; 48 medalhas (HUNTER, 1982, p. 44).

Para ter um teto sobre a cabeça e comida na mesa, os materiais íntimos do corpo tinham que ser penhorados. E às vezes tinha que se escolher entre a casa e o corpo. Em julho de 1867, Marx decidiu usar 45 libras, que tinham sido separadas para o aluguel, para resgatar as roupas e os relógios das três filhas, de forma que elas pudessem ficar com Paul Lafargue na França (MARX, 1987, p. 397). Levar as próprias roupas à casa de penhores significava equilibrar-se na gangorra da sobrevivência social. Sem roupas "apropriadas", Jenny Marx não podia sair à rua; sem roupas "apropriadas", Marx não podia trabalhar no Museu Britânico; sem roupas "apropriadas", o operário desempregado não estava apto a ir atrás de um novo emprego. Ter o seu próprio casaco, cobrir-se com ele, significava agarrar-se a si próprio, agarrar-se até mesmo ao próprio passado e ao próprio futuro. Mas significava também agarrar-se a um sistema de memória que em momentos de crise podia ser de novo transformado em dinheiro:

> Ontem penhorei um casaco, que remontava a meus dias de Liverpool, para poder comprar papel para escrever (MARX, 1983a, p. 221).

Para Marx, assim como para os operários sobre os quais ele escreveu, não havia "simples" coisas (MARX, 1983a, p. 221). As coisas eram os materiais – as vestes, as roupas de cama, a mobília – com os quais se construía uma vida; elas eram o suplemento que, se desfeito, significava a aniquilação do eu.

Tornou-se um clichê dizer que não devemos tratar as pessoas como coisas. Mas se trata de um clichê equivocado. O que fizemos com as coisas para devotar-lhes um tal desprezo? E quem pode se dar ao luxo de demonstrar tal desprezo? Qual o sentido de os prisioneiros serem obrigados a se despojarem de suas roupas a não ser para que se despojem de si mesmos? Marx, tendo uma posse precária dos materiais necessários à construção do eu, sabia qual era o valor do próprio casaco.

III. O mistério do caminhar

À memória de meu pai
William Weatherhead Stallybrass (1911-2003)

Édipo torna-se tirano de Tebas ao resolver o enigma da Esfinge: qual é a criatura que caminha com quatro pés pela manhã, dois ao meio-dia e três à noite? Ele derrota a Esfinge ao dar a resposta correta: o ser humano.[1] Quando bebê, ele engatinha, usando os pés e as mãos. Se tudo der certo, aprende a se levantar e a andar sobre os dois pés, capacidade que mantém durante boa parte de sua vida adulta. E quando atinge a velhice, à medida que seu equilíbrio torna-se precário, utiliza uma bengala como se fosse um terceiro pé. Ao interpretar o "significado" do enigma, pode-se facilmente acabar negligenciando o óbvio. O enigma da Esfinge chama a atenção para o simples mas profundo mistério do caminhar. A Esfinge nos obriga a ver a *singularidade* do caminhar. Não se trata de um elemento constante de nossas vidas: andar é algo que, ainda crianças, aprendemos com dificuldade, isto é, supondo que chegamos a aprender, e, lentamente, se vivemos tempo suficiente, acabamos por desaprender. Mas quando se caminha com relativa comodidade é fácil achar isso natural. Esquecemos que se trata de um feito extraordinário, um feito que podemos perder a qualquer momento – por causa de algum ferimento, de uma artrite, de um acidente vascular. Se a resposta ao enigma da Esfinge aponta para a estranheza de um animal que aprende e desaprende como caminhar sobre dois pés, há ainda mais estranheza no monstro que põe o enigma e no homem que o decifra. A Esfinge *não* anda sobre dois pés. De acordo com Apolônio, a Esfinge era um monstro com rosto de mulher, pés e cauda de leão, e asas de pássaro.[2] É a descrição de um ser que está, ao mesmo tempo, mais e menos preso ao chão do que os humanos: mais, porque anda sobre quatro pés; menos, porque as asas indicam que pode voar. Quem propõe o enigma do caminhar é um ser que *não* pode caminhar. É igualmente estranho que o enigma seja respondido por um homem que nunca devia ter andado direito. De fato, Édipo vem de uma família cujos nomes sugerem que eram todos mancos ou que sofriam de algum tipo de desequilíbrio. "Lábdaco", o nome do avô, significa "postura desequilibrada, falta de simetria entre os dois lados do corpo, defeito em um dos pés". "Laio", o nome do pai, sugere alguém assimétrico e desajeitado, um "canhoto". E "Édipo" seu próprio nome, significa "pés inchados",[3] estado em que ficara por ter sido deliberadamente mutilado ao nascer. Laio, o pai, tinha sido informado por um oráculo de que seria assassinado pelo filho. Por isso ordenou que Édipo fosse imobilizado imediatamente após o nascimento: seus pés foram perfurados e pregados ao solo. O enigma de uma criatura que anda sobre dois pés é, pois, resolvido por um homem que tem dificuldades em andar sobre dois pés.[4]

Mas é, talvez, precisamente por causa dessa dificuldade que Édipo é a pessoa apropriada para resolver o enigma. Para ele, caminhar não é algo natural: é um problema. Édipo, por não ter um equilíbrio perfeito, representa a estranheza e a dificuldade do ato de equilíbrio pressuposto pelo caminhar. Para ele, o caminhar é perturbado pela perda de equilíbrio, por passos em falso, por quedas, pela tendência a mancar, pelo enrijecimento das articulações. Na verdade, o enigma da Esfinge simplifica a dificuldade do caminhar. Quando aprendem a caminhar, as crianças não passam do estágio das quatro pernas para o de duas, mas para o de três. A terceira perna assume, muitas vezes, a forma de uma mão: ou a criança usa suas mãos para garantir o equilíbrio ou um adulto lhe dá uma mão. Seja como for, é como se ganhasse uma terceira perna. Podemos, talvez, imaginar isso mais claramente se pensamos numa criança mais velha tentando, primeiro, aprender a andar num triciclo e, depois, dispensando a terceira roda, tentando equilibrar-se em duas. Quando caminhamos, somos como os ciclistas. Absorvemos em nossos corpos a mão auxiliar, a terceira roda, sem a qual agora aprendemos a nos virar, tendo incorporado o sentido do equilíbrio e a segurança que era antes dada pela mão. Talvez o caminhar se faça *sempre* sobre três pés – mas a maioria de nós internalizou tão bem o terceiro pé que não estamos mais conscientes dele. Quer dizer, a menos que soframos algum ferimento e precisemos aprender tudo de novo, usando muletas ou bengalas.

Quando caminha sobre duas pernas, Édipo é assombrado, ao mesmo tempo, pelo passado e pelo futuro: as quatro pernas com que começou e as três pernas em direção às quais tende toda a sua vida. Se não é estranho que caiba a Édipo resolver o enigma da Esfinge, já que ele constantemente experimenta a precariedade do caminhar sobre dois pés, é estranho, entretanto, que, não sabendo o significado de seu nome, ele tenha se transformado no mais autossustentável dos mortais: um tirano *(tyrannos)*. Ele é, por excelência, o homem que se fez a si próprio, que realizou seu destino *sem apoio* – sem a mão auxiliar da família e sem qualquer favor.[5] Tendo frustrado a profecia de que mataria seu pai e esposaria sua mãe, ele chega a Tebas como errante. Mas torna-se tirano de Tebas por seu único e próprio juízo: ele resolve o enigma, como diz a Tirésias, "só com meu engenho".[6] Esse "só" tem ainda mais força porque ele se sustenta, sem auxílio, sobre seus dois pés, confrontando o cego Tirésias, que tinha sido conduzido por um garoto. O autossustentável Édipo confronta o "manco" (porque cego) Tirésias, que não pode andar sem o apoio de uma terceira perna (nesse caso, a mão do garoto, que lhe proporciona equilíbrio e direção). Mas Édipo esquece o significado que está implícito em seu próprio nome: seus pés são *oidi* (inchados).[7] Quando o mensageiro fala do seu resgate quando criança, Édipo recusa-se a reconhecer o ferimento que marca seu próprio corpo. Édipo pergunta ao mensageiro: "O que me afligia quando você me tomou [quando criança] em seus braços?". O mensageiro responde: "Sobre isso, seus tornozelos serão testemunhas". Mas Édipo desconsidera as palavras do mensageiro: "Por que você fala de minha antiga dor?". E não registra o que o mensageiro diz: "Os tendões de seus pés foram perfurados e agrilhoados. Vem daí, pois, o seu nome atual" (1031-6).

Tendo superado o trauma de seu nascimento, Édipo é *dipous,* bípede. Contudo, no final de *Édipo Rei,* o tirano bípede, autossustentável, será privado de sua capacidade de andar sem auxílio. Cego, como Tirésias, ele precisará da ajuda de uma outra mão para guiá-lo. Em *Édipo em Colono,* ele é banido da cidade e erra como um vagabundo, cego e em trapos, dependendo da mão de Antígona, sua irmã mais nova. Ele precisa da irmã, cuja "fragilidade", como ele próprio diz, é a muleta que sustentará seu "peso".[8] Antígona será sua terceira perna.

Em *Rei Lear*, tal como ocorre em *Édipo Tirano*, o enigma do pé deve sua eficácia ao fato de que o pé é algo que normalmente não merece atenção. Na primeira cena, o patriarcal monarca, rodeado por criados que protegem e apoiam seu corpo, está sentado no trono, enquanto divide seu reino. A cena 4 do ato I abre-se ao som de trombetas de caça, uma marca da atividade aristocrática por excelência. Lear e seus seguidores estão, presumivelmente, de botas, e as botas fazem lembrar que as pernas de um monarca, tal como as pernas de seus cavaleiros, são pernas emprestadas: as do cavalo no qual ele monta. O corpo do monarca é, em geral, carregado por outros: caminhar não é o seu modo normal de locomoção.

E, contudo, na Tragédia, no momento em que renuncia à coroa e divide seu reino, Lear compreende, limitadamente, a importância de seus pés e do caminhar. Digo "limitadamente" porque, embora se imagine não mais montado num cavalo, não mais sentado num trono, não mais sequer sustentado por suas próprias pernas, ele não tem a mais vaga ideia do que significa não ter poder nem ser capaz de ficar de pé. Ele diz:

> Saibam que dividimos
> Em três o nosso Reino: e é nossa firme intenção
> De nossa Idade retirar todos os Encargos e
> Obrigações,
> Passando-os a forças mais jovens, enquanto nós,
> Mais leves, rastejamos em direção à morte.[9]

Lear imagina-se reescrevendo o enigma da Esfinge: em vez de duas, ele terá não três mas quatro pernas. Rastejará novamente como um bebê, regredindo à infância. Sua raiva diante da recusa de Cordélia em entrar no jogo público da competição com suas irmãs para decidir qual delas lhe tem mais amor é também a raiva por não poder, agora, como ele diz, "ter por descanso / sua doce companhia". Lear imagina o rastejar como um alívio do encargo de caminhar. Como governante, ele é vergado por encargos e obrigações. Paradoxalmente, quando for aliviado, passará a rastejar.

Na verdade, a peça não prevê que o ator que representa o papel principal deva rastejar. Prevê, entretanto, uma gama extraordinária de outros movimentos. Na tempestade do matagal, Lear despe suas roupas ("fora, fora com esses empréstimos"). E perto dos penhascos, em Dover, num dos mais estranhos e menos motivados movimentos em Shakespeare, ele se senta e pede ajuda para tirar suas botas:

> Agora, agora, agora, agora. Tira minhas botas: com mais força, com mais força, assim.

Não fica claro com quem ele está falando: com o cego Gloucester? Edgar, vestido como o louco Tom? E em qualquer produção, o diretor terá de decidir entre duas opções: trata-se de Lear imaginando, em sua loucura, que suas botas estão sendo puxadas ou trata-se de uma ação que deve ser representada? É um momento ímpar do teatro da Renascença. As peças muitas vezes exigem que atores que representem cenas que se passam dentro de casa estejam calçados com suas botas. Numa cena farsesca em *Ricardo II*, York pede, repetidamente, suas botas para que ele possa cavalgar até o local onde está o novo rei, Henrique IV, e denunciar seu próprio filho como traidor. Na comédia de John Fletcher *Wit Without Money* [*Muito engenho, pouca prata*], Shorthose entra em cena calçando "apenas uma bota" e fica dando saltos, queixando-se: "vou cavalgar com uma bota só?".[10] Em geral, calçam-se botas em preparação para uma viagem; elas são descalçadas ao seu final, e essa preparação, muitas vezes, envolve alguma ação cômica.

Na sociedade aristocrática da Renascença, a ação de descalçar as botas exigia o auxílio de outra pessoa. Um efeito paradoxal das botas, portanto, é que, ao mesmo tempo em que preparam para condições adversas aquele que vai usá-las, elas o tornam dependente de outras pessoas. Sob esse aspecto, elas fazem parte de um sistema mais amplo de indumentária que fez do vestir-se e desvestir-se uma atividade social obrigatória. No livro *Padrões de moda*, Janet Arnold mostra, com detalhes esplendorosos, a infinidade de ilhoses que tinham as roupas da Renascença. Através desses orifícios, passavam-se cordões para prender o calção ao gibão, as mangas à blusa, as varetas do espartilho ao corpete, a saliência da bragui-lha ao calção.[11] A complexidade dessas operações implicava que o vestir-se e desvestir-se exigiam (especialmente para os ricos, embora não apenas para eles) outros pares de mãos. Que Desdêmona precise das mãos de Emília para despir-se, que Macbeth precise de Seyton para pôr sua armadura não é mera ficção. O *trabalho* de se vestir e de se despir constituía, por si só, uma constante lembrança da importância das roupas no fazer e desfazer cotidiano do corpo.

Assim, ao tirar suas botas, Lear materializa sua dependência relativamente a outras pessoas e, ao mesmo tempo, desfaz a preparação de seu corpo para a ação. Ele já tinha sido privado de seu poder; seus pés se tornam agora expostos à sujeira e à aspereza da terra. É como se, junto ao Canal, nas costas da Inglaterra, Lear se aprontasse para voltar ao aposento reservado às crianças para engatinhar novamente. Tal como "sua majestade, o bebê" – como se referiu, certa vez, Freud à criança de tenra idade – Lear é levado à cena, no ato IV, numa cadeira, carregado por criados. Lear aprende novamente a caminhar, tal como uma criança, guiado pela mão de um adulto: "Entra em cena a potestade da França. Cordélia conduz seu pai pela mão". Mas aqui a mão adulta é a mão da filha de Lear: Lear é conduzido pelas mãos de Cordélia, tal como Édipo é conduzido pelas mãos de Antígona. Em *A tempestade*, Próspero volta-se contra sua filha, Miranda, censurando-a com a frase "Meu pé, minha tutela?". Isto é, o pai, Próspero, é a cabeça;

a filha, o pé. Mas Lear é tutelado por seu pé, tanto literal quanto metaforicamente: ele será treinado por sua filha Cordélia (seu "pé"), e esse treinamento consistirá no mais simples e misterioso dos atos -- caminhar.

O paradoxo final de *Lear* consiste em que, no momento da maior crise, Lear não apenas caminha novamente, mas carrega em seus braços a carga do corpo morto de Cordélia: "Entra em cena Lear com Cordélia em seus braços". Devemos observar a ousadia teatral desse gesto. Ele exige que o ator, quase sempre um ator mais velho, não apenas consiga equilibrar e sustentar o peso de seu próprio corpo, mas também sustentar o de um outro corpo. No início da tragédia, Lear imagina-se *engatinhando, sem nenhum encargo,* para a morte. No final, ele *caminha sobrecarregado.*

O paralelo mais óbvio não é, entretanto, entre Édipo e Lear, mas entre o primeiro e Gloucester. Tal como Édipo, Gloucester é cego; tal como Édipo, Gloucester é conduzido pela mão de um de seus filhos. Mas o problema do caminhar é mais veementemente dramatizado por Gloucester que por Édipo. Édipo cega a si próprio fora de cena; Gloucester é cegado em cena. E em muitas produções, Cornwall utiliza seus pés (ou suas esporas) para arrancar os olhos do velho homem: "Sobre esses seus olhos, porei meus pés". Finalmente, em uma das cenas mais grotescamente tragicômicas do teatro da Renascença, Gloucester, que "tropeçava" quando tinha olhos, tenta livrar-se de sua vida de tropeços, atirando-se dos penhascos de Dover: "Solta minha mão..."; "Ele se ajoelha..."; "Ele cai...". Mas Gloucester foi enganado por seu filho Edgar. Ele não está à beira de um penhasco e os espectadores não veem senão um ator pondo-se de joelhos, inteiramente frustrado em sua tentativa. Tal como Lear, Gloucester será forçado a caminhar novamente, mas, diferentemente de Lear, Gloucester continuará a tropeçar como um cego e a depender da mão de outra pessoa. Édipo também é conduzido pelo filho, mas a sorte de Gloucester é mais cruel, uma vez que não sabe que a mão que o conduz é a mão do filho. Quando Edgar finalmente se revela, isso mata seu pai.

Mas apesar de todas as semelhanças entre Gloucester e Édipo, o paralelo mais impressionante é aquele entre Édipo, em sua saída final de cena, e Lear, em sua entrada final em cena, quando ambos voltam a caminhar sem ajuda. Aqui, entretanto, o contraste é tão impressionante quanto a semelhança. Lear caminha sem ajuda, mas está carregando sua filha morta. Édipo também finalmente caminha sem ajuda, mas como guia para as filhas que o guiaram:

> Filhas, sigam-me...: vejam, agora,
> Tornei-me o guia de vocês, como vocês eram o meu guia!
> Venham: não me toquem: deixem-me descobrir sozinho

O chão sagrado e funéreo onde
Devo tomar esta terra predestinada como
minha mortalha.

★★★

Como críticos literários, somos treinados para descobrir "significados": o significado de charadas, de palavras, de culturas. Mas o "significado" tende a obscurecer as condições materiais que precedem qualquer significado, como ocorre no caso que estamos examinando: se não temos nenhuma dificuldade para caminhar, tendemos a considerar essa capacidade como natural. Não é interessante; não tem nenhum significado. Como observou Wittgenstein:

> Os aspectos das coisas que são mais importantes para nós permanecem ocultos por causa de sua simplicidade e familiaridade. (Somos incapazes de ver alguma coisa simplesmente porque ela está sempre diante de nossos olhos.) Os fundamentos reais de nossas indagações não nos impressionam em nada, a menos que, em algum momento, tenhamos sido impressionados por um fato específico. E isso significa: deixamos de ser impressionados por aquilo que, uma vez visto, é o que existe de mais impressionante e forte.[12]

"Os fundamentos reais." O enigma da Esfinge nos faz lembrar que um dos aspectos centrais do ser humano é a possibilidade de caminhar.

Os livros de Primo Levi, *É isto um homem?* e *A trégua*, constituem profundas meditações sobre as precondições do caminhar. Nos campos de concentração, os prisioneiros que conseguem sapatos que não cabem em seus pés descobrem, ao final, que não conseguem caminhar com eles.[13] Incapazes de caminhar e, portanto, de trabalhar, são imediatamente dispensáveis. Levi escreve:

> Não é de crer que os sapatos signifiquem pouco na vida do Campo. A morte começa pelos sapatos. Eles se revelaram, para a maioria de nós, verdadeiros instrumentos de tortura que, após umas horas de marcha, criam feridas dolorosas, sujeitas certamente à infecção. Caminhamos, então, como se tivéssemos uma bola de ferro amarrada ao pé; [...] chegamos sempre por último, e apanhamos sempre; se perseguidos, não conseguimos fugir; nossos pés incham e, quanto mais incham, mais insuportável torna-se o atrito com a madeira e a lona dos sapatos. Então, só resta o hospital, mas entrar no hospital com o diagnóstico *dicke Füsse* (pés inchados) é sumamente perigoso, já que todos sabem (e especialmente a SS) que essa doença não tem cura.[14]

Sabemos que Levi consegue, afinal, sobreviver. Mas o problema do caminhar volta em *A trégua*. Em sua longa viagem de volta à casa, Levi descobre, outra vez, que os sapatos certos são centrais para a sobrevivência do ser humano. Sua incapacidade de encontrar o tipo certo de sapato é ironicamente representada como uma falta indesculpável, porque se trata de uma incompreensão dos pré-requisitos da vida:

"Qual é a tua profissão?" [pergunta o grego]

"Sou químico."

"Então você é um trouxa", ele disse calmamente. "Quem não tem sapatos é um trouxa." [...]

A validade do argumento era palpável, evidente: os dois informes trapos nos meus pés e as duas brilhantes maravilhas nos dele. Não havia justificativa. Eu não era mais um escravo; ainda assim, após os primeiros passos no caminho da liberdade, aqui estava eu, sentado numa pedra à beira da estrada, com os pés na mão, canhestro e inútil como a locomotiva enguiçada que tínhamos deixado havia pouco. [...] Explicou-me que estar sem sapatos é uma falta muito séria. Quando há guerra, temos de pensar sobretudo em duas coisas: em primeiro lugar, nos nossos sapatos, em segundo, no que comer; e não na ordem inversa, como sustenta o vulgo: porque quem tem sapatos pode andar à volta para procurar comida, enquanto o inverso não vale.[15]

A necessidade de se ter sapatos que sirvam é encoberta pela própria simplicidade e familiaridade dessa necessidade. Pés amaciados por terem antes calçado sapatos ou pés expostos ao frio exigem a proteção de calçados. Sapatos que sirvam, como mostra Levi, podem ser a precondição do caminhar, a precondição da sobrevivência.

Mas os humanos podem aprender a caminhar com ou sem sapatos. O mistério do caminhar é o mistério de um "animal bifurcado"[16] que consegue ficar em pé (quando consegue) apenas pelo sentido incorporado de equilíbrio que a mão de um outro lhe deu. A dependência da mão de um outro, que aceitamos como sendo algo natural em crianças, é revivida por Édipo, por Lear e por Gloucester como adultos. Édipo, conduzido por Antígona, Lear, por Cordélia, e Gloucester, por Edgar, materializam, na ficção do teatro, a precariedade do equilíbrio, a vulnerabilidade do corpo à desaprendizagem da mais simples e mais misteriosa das capacidades humanas: o caminhar.

★★★

Imediatamente após o octogésimo aniversário de meu pai, eu e meu irmão fomos, com ele, escalar o monte Blaven, na ilha de Skye, na Escócia. Ele decidiu que não aguentaria mais quando faltavam 70 metros para atingir o topo do monte. Ele já tinha subido e descido mais de 1.800 metros. Desde então, não participou mais de escaladas e começou a sentir cada vez mais dificuldades até para simplesmente caminhar. E, contudo, suas mãos, que frequentemente lhe causavam dores, tornaram-se mais ativas, ajudando-o a concluir suas memórias e, agora, a escrever um novo livro sobre os muitos amigos de sua vida. Na Filadélfia, a um oceano de distância, imagino os dedos de meu pai percorrendo distâncias, todos os dias, no seu velho computador Amstrad, enquanto relembra todos aqueles que lhe deram as mãos em sua vida, todos aqueles a quem ele ofereceu sua mão. Imagino-o, tal como Édipo, buscando seus pés enquanto caminha em direção à luz.

Notas

Capítulo I

[1] Minhas ideias devem muito, aqui, a C. A. Bayly, "The Origins of Swadeshi Home Industry: Cloth and Indian Society, 1700-1930", *in* Arjun Appadurai (org.). *The social Life of Things: Commodities in Cultural Perspective.* Cambridge: Cambridge University Press, 1986, p. 285-321.

[2] William Shakespeare, *King Lear*, 1608, 4. 6. 26.

[3] Escrevi sobre isso em "Worn Worlds: Clothes and Identity on the Renaissance Stage", *in* Margreta de Grazia, Maureen Quilligan e Peter Stallybrass (org.). *Subject and Object in Renaissance Culture.* Cambridge: Cambridge University Press, 1996, p. 289-320.

[4] John Murra, "Cloth and its Function in the Inka State", *in* Annette B. Weiner e Jane Schneider (org.). *Cloth and Human Experience.* Washington: Smithsonian Institution Press, 1989, p. 292, 293, 287.

[5] Bayly, "The Origins of Swadeshi", p. 288; Bernard S. Cohn, "Cloth, Clothes, and Colonialism: India in the Nineteenth Century", *in* Annette B. Weiner e Jane Schneider (org.). *Cloth and Human Experience.* Washington: Smithsonian Institution Press, 1989, p. 303-353.

6   Nina Payne, "Old Clothes! Old Clothes!", dissertação de mestrado, inédita.

7   Sobre a história do conceito de fetiche, veja William Pietz, "The Problem of the Fetish, I", *Res*, 9, 1985, p. 5-17; "The Problem of the Fetish, II", *Res*, 13, 1987, p. 23-45; "The Problem of the Fetish, IIIa", *Res*, 16, 1988, p. 105-23. Veja também seu "Fetishism and Materialism: The Limits of Theory in Marx", *in* Emily Apter e William Pietz (org.). *Fetishism as Cultural Discourse*. Ithaca: Cornell University Press, 1993, p. 119-151.

8   Vladimir Nabokov. *Look at the Harlequins*. Nova York: Vintage Books, 1990 [1974], p. 73.

9   Philip Roth. *Patrimony*. Nova York: Simon and Schuster, 1991, p. 31, 33.

10 Laurence Lerner. *Rembrandt's Mirror*. Nashville, Tn.: Vanderbilt University Press, 1987, p. 19.

11 John Donne, "A Nocturnall upon S. Lucies Day, Being the Shortest Day", *in* Sir H. J. C. Grierson (org.). *The Poems of John Donne*. Londres: Oxford University Press, 1933, p. 40, l. 18.

12 Payne, "Old Clothes! Old Clothes!".

13 Christiane Klapisch-Zuber. *Women, Family, and Ritual in Renaissance Italy*. Trad. Lydia Cochrane. Chicago: University of Chicago Press, 1985, p. 165-177; David Herlihy e Christiane Klapisch-Zuber. *Tuscans and their Families: A Study of the Florentine Catasto of 1427*. New Haven: Yale University Press, 1985, passim.

14 Elaine Showalter, "Piecing and Writing", *in* Nancy K. Miller (org.). *The Poetics of Gender*. Nova York: Columbia University Press, 1986, p. 222-247.

15 Benita Eisler (org.). *The Lowell Offering: Writings by New England Mill Women 1800-1845*. Philadelphia: Lippincott, 1977, p. 152-153.

16 Lowell, *Offering*, p. 154.

[17] Elaine Hedges, "The Nineteenth-Century Diarist and Her Quilts", *Feminist Studies*, 8, 1982, p. 293-299.

[18] Janet Arnold. *Queen Elizabeth's Wardrobe Unlock'd*. Leeds: Maney, 1988, p. 107.

[19] Andrew Gurr. *The Shakespearean Stage 1574-1642*. Cambridge: Cambridge University Press, 1980, p. 178.

[20] Gurr, *Shakespearean Stage*, p. 13.

[21] George C. Williamson. *Lady Anne Clifford, Countess of Dorset, Pembroke, and Montgomery, 1590-1676: Her Life, Letters and Work*. Kendal: Wilson, 1922, p. 460, 462.

[22] Williamson, *Lady Anne Clifford*, p. 467, 468, 469. Sobre a construção, por Anne Clifford, de uma "dinastia matrilinear", veja a excelente análise de Alice T. Friedman, "Constructing an Identity in Prose, Plaster and Paint: Lady Anne Clifford as Writer and Patron of the Arts", *in* Lucy Gent (org.). *Albion's Classicism: The Visual Arts in Britain, 1550-1660*. New Haven: Yale University Press, 1995, p. 359-376.

[23] G. E. Bentley. *The Profession of Dramatist in Shakespeare's Time, 1590-1642*. Princeton: Princeton University Press, 1971, p. 20.

[24] Pablo Neruda. *Passions and Impressions*. Trad. Margaret Sayers Peden. Nova York: Farrar, Straus, and Giroux, 1983, p. 128. A tradução para o português foi feita diretamente do espanhol (Pablo Neruda. *Para nacer he nacido*. Barcelona: Seix Barral, 1978, p. 68).

[25] Carolyn Kay Steedman. *Landscape for a Good Woman: A Story of Two Lives*. Londres: Virago, 1986, p. 24, 38, 109.

[26] Jean Rhys. *Good Morning, Midnight*. Nova York: Vintage, 1974, p. 15, 28, 32.

[27] "Memoirs of Alice Parker Isso", *Utah Historical Quarterly*, 10, 1942, p. 73.

[28] Roth, *Patrimony*, p. 233, 234, 237.

Capítulo II

[1] Sou grato à Society for the Humanities, da Universidade de Cornell, por uma bolsa que me permitiu começar o trabalho deste projeto, e pelo apoio e pelas críticas dos colegas daquela associação. Desde então, tenho me beneficiado das críticas e sugestões de Crystal Bartolovich, Robert Foster, Webb Keane, Ann Rasalind Jones, Annelies Moors, Adela Pinch, Marc Schell e Patricia Spyer. Estou em débito, sobretudo, para com o trabalho de Bill Pietz e para com as conversas com Margreta de Grazia e Matthew Rowlinson. Veja também as excelentes reflexões de Matthew Rowlinson sobre a relação entre dinheiro, mercadoria e coisas, em "Reading Capital with Little Nell".

[2] Sobre Marx e o fetichismo da mercadoria, veja Marx 1976, p. 163-77. Quanto à asserção de Marx sobre a *necessidade* da "alienação" na forma positiva, de se imbuir os objetos de subjetividade, por meio de nosso trabalho sobre eles, e se imbuir o sujeito de subjetividade, por meio de nossas materializações, veja seu "On James Mill", em Marx, 1977, p. 114-23.

[3] Para uma análise da história das cambiantes relações entre sujeito e objeto no início da Europa moderna, veja de Grazia, Quilligan e Stallybrasss, 1995.

[4] Relativamente ao desenvolvimento e às críticas da teoria de Mauss, veja Gregory, 1983; Weiner, 1985 e 1992; Appadurai, 1986; Strathern, 1988; Thomas 1991; Derrida, 1992.

[5] Minha descrição da vida cotidiana da família de Marx baseia-se, sobretudo, no fluxo constante das cartas de Marx a Engels, publicadas em Karl Marx e Frederick Engels, *Collected Works* (1975). Também foram particularmente úteis os trabalhos de Draper, 1985; McLellan, 1981; Marx, 1973; Seigal, 1978; Padover, 1978; Kapp, 1972.

[6] Em 20 de fevereiro, Marx escreveu a Joseph Weydemeyer: "tenho estado tão afligido por dificuldades monetárias que não tenho sido capaz de continuar meus estudos na Biblioteca" (MARX; ENGELS, 1983a, p. 40).

[7] Sobre os Marx, suas dívidas e suas visitas à casa de penhores durante os anos 1850 e 1860, veja, por exemplo, Marx, 1982, p. 224, 402, 556-557; Marx, 1983a, p. 181-182, 216, 385; Marx, 1983b, p. 70, 255, 328-330, 360; Marx, 1985, p. 380, 399, 433, 442, 445, 570-571; McLellan, 1881, p. 22-29, 35-36, 149.

[8] Relativamente à descrição detalhada do próprio Marx sobre suas dívidas em 1858, veja Marx, 1983b, p. 329-330.

[9] A expressão "Três Globos" faz referência ao símbolo tradicional das casas de penhores: uma haste da qual pendem três globos. (N.T.)

[10] Veja, por exemplo, a descrição que Marx faz da morte do tio de sua esposa como "um evento muito feliz" (MARX, 1983a, p. 526).

[11] Gostaria de enfatizar que estou analisando, aqui, a relação estrutural entre o objeto e a mercadoria. As relações reais entre os penhoristas e seus clientes eram altamente variadas. Como observa Tebbutt, a casa de penhores estava firmemente enraizada na comunidade, gozando de uma confiança de que organizações externas (como os bancos) não gozavam. E havia, às vezes, um ar de festas nos encontros de sábado nas casas de penhores.

[12] Sobre roupas e memórias, veja Stallybrass, 1993, p. 35-50.

[13] A inscrição da perda no ato da compra era uma característica da vida cotidiana para aquelas pessoas que regularmente se valiam da casa de penhores. Melaine Tebbutt observa que os pobres "tinham, na verdade, uma visão qualitativamente diferente dos recursos

materiais, que eles consideravam como recursos tangíveis aos quais recorrer em períodos de dificuldade financeira. Quando compravam certos bens, os pobres habitualmente perguntavam o que eles valeriam se precisassem ser vendidos numa casa de penhores, e frequentemente confessavam que eles eram influenciados, na sua escolha, pelo valor potencial de penhor dos artigos" (TEBBUTT, 1983, p. 16). Veja também Annelies Moors (1998). Ela observa que as mulheres palestinas mais ricas tendiam a comprar joias de ouro de valor relativamente baixo, mas altamente trabalhadas. As mulheres mais pobres, por outro lado, tendiam a comprar joias de ouro de alto valor mas pouco trabalhadas, uma vez que elas precisavam obter o valor mais alto possível por elas se e quando elas fossem penhoradas.

[14] Para uma analogia fascinante, veja, outra vez, o ensaio de Annelies Moors (1998).

[15] As mulheres não apenas se encarregavam da maior parte das atividades relacionadas aos penhores; eram suas próprias roupas que elas mais comumente penhoravam para levantar dinheiro para a casa. Num detalhamento das roupas penhoradas em 1836, 58% daquelas claramente identificadas pelo gênero eram de mulheres, enquanto uma porcentagem significativa do resto poderia ter sido tanto de homens quanto de mulheres. Veja Tebbutt, 1983, p. 33.

[16] Na verdade, apesar da associação ideológica entre judeus e penhores, os donos de casas de penhores não eram, na Inglaterra do século XIX, na maioria, judeus. Veja Hudson, 1982, p. 39.

Capítulo III

[1] Comecei a refletir sobre este tema após ter lido o brilhante texto de Josipovici sobre o toque (ver, em

particular, as páginas 3-8 e 51-57). É impossível demonstrar aqui tudo o que lhe devo. Quanto a Édipo, manifesto minha dívida para com as seguintes fontes: Vernant e Vidal-Naquet, Segai e Bushnell. Agradeço os comentários e as sugestões de Patrick Conner, Margreta de Grazia, Joseph Farrell e Bridget Murnaghan. A conferência em que este texto se baseia foi primeiramente apresentada no Globe Theater, Londres, e sou grato a todos que, nessa instituição, deram-me seu apoio para que eu fosse agraciado com o prêmio Samuel Wanamaker Fellow do ano 2000. Este texto foi escrito especialmente para meu pai, Bill Stallybrass, por ocasião do seu nonagésimo aniversário, e sua mão está presente em toda parte. Ele faleceu três anos mais tarde, em 2003.

[2] Veja-se Vernant e Vidal-Naquet, 1988, p. 209.

[3] Sobre a condição claudicante que atravessa a linhagem de Édipo, veja-se Vernant e Vidal-Naquet, 1988.

[4] Dawe (1982, p. 103) observou, acertadamente, que "o próprio Sófocles nunca menciona o conteúdo do enigma". Mas sua sarcástica observação sobre o "crítico literário moderno" é, creio, injustificada. O conteúdo do enigma não é mencionado porque está materializado na ação de *Édipo Rei* e de *Édipo em Colono*.

[5] Veja-se Vernant & Vidal-Naquet, 1981, p. 99.

[6] Édipo vangloria-se diante de Tirésias:
Vim, eu, Édipo, sem nada conhecer,
E detive a Esfinge.
Resolvi o enigma só com meu engenho (*Oedipus the King*, 1954, 11. 396-398).

[7] Para os jogos de palavras de Sófocles com o nome de Édipo, veja Segai (p. 68, 86) e Vernant e Vidal-Naquet (1981, p. 96-97).

[8] *Oedipus at Colonus*, 11. 149.

[9] *The Tragedie of King Lear,* First Folio (Fl, 1623), 1.1. 36-40. Esta passagem não aparece em *The History of King Lear* (Q1, 1609). Todas as citações de *King Lear* são retiradas de *The Parallel King Lear 1608-1623*. Ato, cena e linhas estão referidos a *The Riverside Shakespeare.*

[10] Fletcher, 4.1.

[11] Arnold, *passim,* especialmente ilustrações 87, 151, 163, 164, 174, 309, 312, 328, 329, e os desenhos nas p. 53, 55, 59, 72, 77, 84, 103, 108, 109, 113.

[12] Wittgenstein, 1968, n. 128.

[13] Uma das violências específicas de Auschwitz era o confisco e o embaralhamento dos calçados dos prisioneiros: "[Devemos] tirar os sapatos, com cuidado para que não nos sejam roubados. Roubados? Por quem? [...] Logo vem outro alemão, diz que devemos colocar os sapatos num canto, e assim fazemos, porque tudo já acabou, sentimos que estamos fora do mundo, que só nos resta obedecer. Chega um sujeito de vassoura que leva os sapatos todos, varrendo-os para fora da porta, todos juntos, numa pilha só. Está maluco, vai misturá-los todos, noventa e seis pares de sapatos". Se os sapatos não servem, permite-se que os prisioneiros, eventualmente, troquem *um* pé de sapato por outro: "Se um sapato aperta, a gente deve apresentar-se, à noite, à cerimônia de troca de sapatos; ali põe-se à prova a perícia do sujeito. No meio da multidão apinhada, deve-se conseguir escolher, só por um olhar, um sapato (não um par: um sapato só) que sirva para o nosso pé, já que, uma vez feita a escolha, não é permitida nova troca" (LEVI, 2000, p. 21, 32).

[14] Levi, 2000, p. 32-33.

[15] Levi, 1989, p. 34, 44.

[16] *The Tragedie of King Lear* (F1), p. 3. 4. 107.

Referências bibliográficas

ANDERSEN, Hans Christian. *Eighty Fairy Tales*. Trad. R. P. Keigwin. Nova York: Pantheon, 1982 [1949].

APPADURAI, Arjun. Introduction: commodities and the politics of value. In: Arjun Appadurai (Ed.). *The Social Life of Things: Commodities in Cultural Perspective*. Cabridge: Cambridge University Press, 1986. p. 3-63.

ARNOLD, Janet. *Patterns of Fashion: The Cut and Construction of Clothes for Men and Women c. 1560-1620*. Londres: Macmillan, 1985.

ARNOLD, Janet. *Queen Elizabeth's Wardrobe Unlock'd*. Leeds: Maney, 1988.

BAYLY, C. A. The Origins of Swadeshi Home Industry: Cloth and Indian Society, 1700-1930. In: APPADURAI, Arjun (Org.), *The Social Life of Things: Commodities in Cultural Perspective*. Cambridge: Cambridge University Press, 1986. p. 285-321.

BAYLY, C. A. The origins of swadeshi. In: WEINER, Annette B.; SCHNEIDER, Jane (Orgs.). *Cloth and Human Experience*. Washington: Smithsonian Institution Press, 1989.

BENTLEY, G. E. *The Profession of Dramatist in Shakespeare's Time, 1590-1642*. Princeton: Princeton University Press, 1971.

BUSHNELL, Rebecca. *Prophesying Tragedy: Sign and Voice in Sophocles' Theban Plays*. Ithaca: Cornell University Press, 1988.

COHN, Bernard S. Cloth, Clothes, and Colonialism: India in the Nineteenth Century. In: WEINER, Annette B.; SCHNEIDER, Jane (Orgs.). *Cloth and Human Experience*. Washington: Smithsonian Institution Press, 1989. p. 303-353.

DAWE, R. D. *Sophocles' Oedipus Rex*. Cambridge: Cambridge University Press, 1982.

DERRIDA, Jacques. *Given Time: 1. Counterfeit Money*. Trad. Peggy Kamuf. Chicago: The University of Chicago Press, 1992.

DICKENS, Charles. *Sketches by Boz and Other Early Papers*. Michael Slater (Org.), Columbus: Ohio State University Press, 1994 [1833-1839].

DONNE, John. A Nocturnall upon S. Lucies Day, Being the Shortest Day. In: GRIERSON, Sir H. J. C. (Org.). *The Poems of John Donne*. Londres: Oxford University Press, 1933.

DRAPER, Hal. *The Marx-Engels Chronicle*. The Marx-Engels Encyclopedia. v. 1. Nova York: Schocken, 1985.

EISLER, Benita (Org.). *The Lowell Offering: Writings by New England Mill Women 1800-1845*. Philadelphia: Lippincott, 1977.

ENGELS, Friedrich. *The Condition of the Working Class in England*. Harmondsworth: Penguin: 1987 [1845].

FLETCHER, John. *Wit Without Money*. Londres, 1679.

FRIEDMAN, Alice T. Constructing an Identity in Prose, Plaster and Paint: Lady Anne Clifford as Writer and Patron of the Arts. In: GENT, Lucy (Org.). *Albion's Classicism: The Visual arts in Britain, 1550-1660*. New Haven: Yale University Press, 1995: 359-376.

GAMMAN, L.; MAKINEN, M. *Female Fetishism*. Nova York: New York University Press, 1994.

GRAZIA, Magreta de; QUILLIGAN, Maureen; STALLYBRASS, Peter. Introduction. In: *Subject and Object in Renaissance Culture*. Cambridge: Cambridge University Press, 1995? 1-13.

GREGORY, Chris. Kula Gift Exhange and Capitalist Commodity Exchange: A Comparison. In: *The Kula: New Perspective on Massim Exchange*. Cambridge: Cambridge University Press, 1983. p. 103-117.

GURR, Andrew. *The Shakespearean Stage 1574-1642*. Cambridge: Cambridge University Press, 1980.

HEDGES, Elaine. The Nineteenth-Century Diarist and her Quilts, *Feminist Studies*, 8, 1982, p. 293-299.

HERLIHY, David; KLAPISCH-ZUBER, Christiane. *Tuscans and their Families: a Study of the Florentine Catasto of 1427*. New Haven: Yale University Press, 1985.

HUDSON, Kenneth. *Pawnbroking: an Aspect of British Social History*. Londres: The Bodley Head, 1982.

HUNTER, Dard. *Papermaking: the History and Technique of an Ancient Craft*. Nova York: Dover, 1978.

JOHNSON, Edgar. *Charles Dickens: his Tragedy and Triumph*. v. 1. Nova York: Simon and Schuster, 1952.

JOSIPOVICI, Gabriel. *Touch*. New Haven: Yale University Press, 1996.

KAPP, Yvonne. *Eleanor Marx*. Nova York: Pantheon, 1972.

KLAPISCH-ZUBER, Christiane. *Women, Family, and Ritual in Renaissance Italy*. Trad. Lydia Cochrane. Chicago: University of Chicago Press, 1985.

KOPYTOFF, Igor. The cultural biography of things. In: Arjun Appadurai (Org.). *The Social Life of Things: Commodities in Cultural Perspective*. Cambridge: Cambridge Univesrity Press, 1986. p. 64-91.

LATOUR, Bruno. *Petite réflexion sur le culte moderne des dieux faitiches*. Paris: Synthélabo, 1996.

LERNER, Laurence. *Rembrandt's Mirror*. Nashville: Vanderbilt University Press, 1987.

LEVI, Primo. *La tregua*. Turim, Einaudi, 1989.

LEVI, Primo. *É isto um homem?* Rio de Janeiro: Rocco, 2000. Trad. Luigi Del Re.

MARX, Karl. *The Eighteenth Brumaire of Louis Bonaparte*. Nova York: International Publishers, 1963 [1852].

MARX, Karl. *Capital: a Critique of Political Economy*. v. 1. Trad. Ben Fowkes. Nova York: Vintage, 1976 [1867].

MARX, Karl. *Karl Marx: Selected Writings*. David McLellan (Org.). Oxford: Oxford University Press, 1977.

MARX, Karl; ENGELS, Frederick. *Collected Works*. v. 38. Nova York: International Publishers, 1982 [1844-1851].

MARX, Karl; ENGELS, Frederick. *Collected Works*. v. 39. Nova York: International Publishers, 1983a [1852-1855].

MARX, Karl; ENGELS, Frederick. *Collected Works*. v. 40. Nova York: International Publishers, 1983b [1856-1859].

MARX, Kar; ENGELS, Frederick. *Collected Works*. v. 41. Nova York: Intrnational Publishers, 1985 [1860-1864].

MARX, Karl; ENGELS, Frederick. *Collected Works*. v. 42. Nova York: Intrnational Publishers, 1987 [1864-1868].

MAUSS, Marcel. *The Gift: Forms and Functions of Exchange in Archaic Societies*. Nova York: Norton, 1967 [1925]. Ian Cunnison.

McLELLAN, David. *Karl Marx: His Life and Thought*. Nova York: Harper and Row, 1973.

McLELLAN, David. *Frederick Engels*. Harmondsworth: Penguin, 1978.

McLELLAN, David (Ed.). *Karl Marx: Interviews and Recollections*. Londres: Macmilian, 1981.

MOORS, Annelis. Wearing Gold. In: Patricia Spyer (Org.). *Border Fetichisms. Material Objects in Unstable Spaces*. Londres: Routledge, 1998, p. 208-223.

MURRA, John. Cloth and its Function in the Inka State. In: WEINER, Annette B.; SCHNEIDER, Jane (Orgs.), *Cloth and Human Experience*. Washington: Smithsonian Institution Press, 1989.

NABOKOV, Vladimir. *Look at the Harlequins*. Nova York: Vintage Books [1990-1974], p. 73.

NERUDA, Pablo. *Para nacer he nacido*. Barcelona: Seix Barral, 1978.

NERUDA, Pablo. *Passions and Impressions*. Trad. Margaret Sayers Peden. Nova York: Farrar, Straus and Giroux, 1983.

PADOVER, Saul K. *Karl Marx: an Intimate Biography*. Nova York: McGraw-Hill, 1978.

PAYNE, Nina. Old Clothes! Old Clothes! Dissertação de Mestrado, inédita.

PICKERING, Paul A. Class without Words: Symbolic Communication in the Chartist Movement. *Past and present*, 1986, p. 144-162.

PIETZ, William. Fetish. In: Robert S. Nelson; Richard Shiff (Og.). *Critical Terms for Art History*. Chicago: The University of Chicago Press, 1996. p. 197-207.

PIETZ, William. The Problem of the Fetish, I. *Res*, n. 9, 1985, p. 5-17.

PIETZ, William. The Problem of the Fetish, II. The Origin of the Fetish. *Res*, n. 13, 1987, p. 23-45.

PIETZ, William. The Problem of the Fetish, IIIa. *Res*, n. 16, 1988, p. 105-123.

PIETZ, William. Fetishism and Materialism: the Limits of Theory in Marx. In: APTER, Emily; PIETZ, William (Orgs.). *Fetishism as Cultural Discourse*. Ithaca: Cornell University Press, 1993. p. 119-151.

PIETZ, William. Afterword. How to Grow Oranges in Norway. In Patricia Spyer (org.). *Border Fetishisms. Material Objects in Unstable Spaces*. Nova York: Routledge, 1998. p. 245-251.

PINCH, Adela. Stealing Happiness: Shoplifting in Early Nineteenth-Century England. In: SPYER, Patricia (Org.). *Border*

Fetishisms. Material objects in Unstable Spaces. Nova York: Routledge, 1998. p. 122-149.

RHYS, Jean. *Good Morning, Midnight.* Nova York: Vintage, 1974.

ROSS, *Ellen.* Love and Toll: Motherhood in Outcast London, 1810-1918. *Nova York: Oxford University Press,* 1993.

ROTH, Philip. *Patrimony.* Nova York: Simon and Schuster, 1991.

SCARRY, Elaine. *The Body in Pain: the Making and Unmaking of the World.* Nova York: Oxford University Press, 1985.

SEGAL, Charles. *Interpreting Greek Tragedy: Myth, Poetry, Text.* Nova York: Zone Books, 1988.

SEGAL, Charles. *Oedipus Tyrannus: Tragic Heroism and the Limits of Knowledge.* Nova York: Twayne, 1993.

SHAKESPEARE, William, *King Lear,* 1608, 4. 6. 26.

SHAKESPEARE, William. *The History of King Lear.* (Ql, 1609).

SHAKESPEARE, William. *The Parallel King Lear 1608-1623.* Org. Michael Warren. Berkeley: University of California Press, 1989.

SHAKESPEARE, William. *The Tragedie of King Lear.* First Folio (Fl, 1623).

SHAKESPEARE, William. *The Riverside Shakespeare.* Boston: Houghton Mifflin, 1974. Org. G. Blakemore Evans.

SHOWALTER, Elaine. Piecing and Writing. In: MILLER, Nancy K. (Org.). *The Poetics of Gender.* Nova York: Columbia University Press, 1986. p. 222-247.

SÓFOCLES. Oedipus at Colonus. In: *Sophocles I, the Complete Greek Tragedies.* Trad. Robert Fitzgerald. Org. David Grene e Richard Lattimore. Chicago: Chicago University Press, 1954.

SÓFOCLES. Oedipus the King. In: *Sophocles I, the Complete Greek Tragedies.* Trad. David Grene. Org. David Grene e Richard Lattimore. Chicago: Chicago University Press, 1954.

SÓFOCLES. *Oedipus Rex.* Cambridge: Cambridge University Press, 1982.

STALLYBRASS, Peter. Worn Worlds. Clothes, Mourning, and the Life of Things. *Yale Review,* 81(1), 1993, p. 35-50.

STALLYBRASS, Peter. Worn Worlds: Clothes and Identity on the Renaissance Stage. In: GRAZIA, Margreta de; QUILLIGAN, Maureen; STALLYBRASS, Peter (Orgs.). *Subject and Object in Renaissance Culture.* Cambridge: Cambridge University Press, 1996. p. 289-320.

STEEDMAN, Carolyn Kay. *Landscape for a Good Woman: a Story of Two Lives*. Londres: Virago, 1986

STRATHERN, Marilyn. *The Gender of the Gift: Problems with Women and Problems with Society in Melanesia*. Berkeley: University of California Press, 1988.

TEBBUTT, Melaine. *Making Ends Meet: Pawnbroking and Working Class Credit*. Leicester: Leicester University Press, 1983.

THOMAS, Nicholas. *Exchange, Material Culture, and Colonialism in the Pacific Entangled Objects*. Cambridge, Mass: Harvard University Press, 1991.

VERNANT, Jean-Pierre; VIDAL-NAQUET, Pierre. Ambiguity and Reversal: on the Enigmatic Structure of Oedipus Rex. In: *Tragedy and Myth in Ancient Greece*. Trad. Janet Loyd. Ditchling: Harvester Press, 1981. p. 87–119.

VERNANT, Jean-Pierre; VIDAL-NAQUET, Pierre. The Lame Tyrant: from Oedipus to Periander. In: *Tragedy and Myth in Ancient Greece*. Trad. Janet Loyd. Nova York: Zone Books, 1988. p. 207-236.

WEINER, Annette. Inalienable Wealth. *American Ethnologist*, 1985, 12, p. 52-65.

WEINER, Annette. *Inalienable Possessions: the Paradox of Keeping-While-Giving*. Berkeley: University of California Press, 1992.

WITTGENSTEIN, Ludwig. *Philosophical Investigations*. Trad. G. E. M. Anscombe. Oxford: Basil Blackwell, 1968.

WILLIANSON, George C. *Lady Anne Clifford, Countess of Dorset, Pembroke, and Montgomery, 1590-1676: her Life, Letters and Work*. Kendal: Wilson, 1922.

O capítulo "A vida social das coisas: roupa, memória, dor", foi traduzido de STALLYBRASS, Peter. "Worn worlds: clothes, mourning, and the life of things". *The Yale Review*, 81(1), 1993, p. 35-50. Copyright © Peter Stallybrass

O capítulo "O casaco de Marx", foi traduzido de STALLYBRASS, Peter. "Marx's coat". In: SPYER, Patricia (Org.). *Border Fetishisms. Material Objects in Unstable Spaces*. Nova York/Londres: 1998, p. 183-207. Copyright © 1997 from BORDER FETISHISMS by Patricia Spyer. Reproduced by permission of Routledge, Inc.

O capítulo "O mistério do caminhar" foi traduzido de STALLYBRASS, Peter. "The mistery of walking". *Journal of Medieval and Early Modern Studies*, v. 32, n. 3, 2002, p. 571-580.

IMAGEM DE CAPA:
Foto © The Israel Museum, Jerusalem by Avshalom Avital
© MAN RAY TRUST/ AUTVIS, Brasil, 2016.

Copyright © 1998 Autêntica Editora

Todos os direitos reservados pela Autêntica Editora Ltda. Nenhuma parte desta publicação poderá ser reproduzida, seja por meios mecânicos, eletrônicos, seja via cópia xerográfica, sem a autorização prévia da Editora.

EDITORA RESPONSÁVEL *Rejane Dias*	REVISÃO *Roberto Arreguy Maia* *Clarice Maia Scotti*
EDITORA ASSISTENTE *Cecília Martins*	*Cecília Martins*
CAPA *Diogo Droschi*	DIAGRAMAÇÃO *Conrado Esteves* *Waldênia Alvarenga*

Stallybrass, Peter
S782x.Ps   O casaco de Marx : roupa, memória, dor / Peter Stallybrass ; organização e tradução : Tomaz Tadeu. – 5. ed. rev. ; 1. reimp. – Belo Horizonte : Autêntica, 2023.

Títulos originais: "Worn worlds: clothes, mourning and the life of things" ; "Marx's coat" ; "The mistery of walking"

Bibliografia.
112 p. – (Coleção Mimo)
ISBN 978-85-8217-843-0

1. Objeto (Filosofia) - Aspectos psicológicos 2. Roupas – Psicologia 3. Marx, Karl, 1818-1883 – Crítica e interpretação I. Título. II. Série.

CDU- 391:159.923

Belo Horizonte
Rua Carlos Turner, 420
Silveira . 31140-520
Belo Horizonte . MG
Tel.: (55 31) 3465-4500

São Paulo
Av. Paulista, 2.073 . Conjunto Nacional
Horsa I . Saia 309 . Bela Vista
01311-940 . São Paulo . SP
Tel.: (55 11) 3034-4468

www.grupoautentica.com.br
SAC: atendimentoleitor@grupoautentica.com.br

Este livro foi composto com tipografia Bembo e impresso
em papel Off White 80 g/m² na Formato Artes Gráficas.